영혼의 선율이 머무는 성

영혼의 선율이 머무는 성

김황곤 수필집

작가의 말

　나는 어릴 적 저 높고 푸른 하늘 날던 기러기 떼들 모두가 나란히 줄지어 한 몸처럼 즐거이 하늘을 수놓는 아름다운 광경에 반하여 그만 온몸이 땅에 얼어붙고 말았다. 맨 앞 한 인도자를 중심으로 각角을 이루며 비행기 날개 모형으로 양쪽 날개를 펴고, 일정한 간격에 나란히 줄지어 우주의 등대 북극성을 찾아가는 그 모습은 참으로 신기하고 경이驚異로운 군무群舞였다.
　저들은 한낱 미물임에도 저 높고 무한의 허공을 발과 날개만의 동작으로 한순간의 쉼도 없이, 어떻게 저 먼 고향하늘 찾아 고난의 행진을 계속할 수 있단 말인가? 저들의 하늘은 어떤 곳이기에 그 먼 경로를 지름길로 탐색하여, 저리도 질서 있고 평화로운 동행을 할 수 있단 말인가?
　나는 저들 동행의 신기함에 놀라 그만 그 자리에 선 멍한 돌기둥 되니, 이에 놀란 나의 할머니께서는 선대 어른 들이 남기신 구술口述 상비약 몇 알로 내 안에 잠든 영혼을 일깨우셨다. '먼저 사람이 되려면 저 높푸른 하늘 한 조각만이라도 늘 가슴에 안고 살아야 한다더라. 저들은 밥통의 3할은 하늘로 채우고 뼛속까지 비우며, 한 점의 거동도 숨김없이 우아한 군무로 천하를 예찬禮讚하니, 하늘도 감동하여 하늘을 다 그들의 예술 무대로 허락하시었단다. 땅만 굽어보고 사는 이는 다 땅강아지 된다더라!' 어름어름 전하시는 말씀은 그만 번쩍! 나의 무딘 가슴 깨우는 부싯돌 되었다.
    선대의 그 깊은 사랑의 온기와 무거운 경계警戒는 하늘에 닿았고, 푸른 하늘 가슴에 안아 오로지 우아한 천하를 펼치는 기러기들 그 장엄한 군무는 가히 평화의 진군進軍이 아니랴!
    나는 지금까지, 가슴 비워 하늘 안은 저들에 비해 '사람'이란 자존自尊은 당연시하면서도 세상 욕심에만 매몰되어 허공에 한 생애를 매달았고, 지금은 허송虛送한 세월의 끝자락 강가에 앉아 무심히 떠가는 인생의 빈 배만 바라다본다.
    이제 와 잠 깨어 살펴보니 저들의 드높은 하늘 안은 꿈은 오히려 나의 어둔 가슴 밝히는 초상肖像이 되고. 천하를 밝히는 평화의 노래와 우아한 군무群舞는 나의 가슴 깊은 곳 두고두고 남몰래 꺼내 보는 푸른 영혼의 노래가 된다.
    아! 부끄럽다…

                                  2024년 새봄

차례

작가의 말

01

매화 등걸에 핀 꽃 __ 10
세상에서 가장 아름다운 별 __ 14
꿈속 하늘을 나는 아기 동박새 __ 20
향기로운 겨울나무 __ 26
『강남 까마귀』 소설을 읽고 __ 34

02

영혼의 선율이 머무는 성 __ 42

연鳶줄에 실린 사랑의 무게중심 __ 50

인생은 과연 한낱 허망한 꿈이런가 __ 56

뮌헨에서 잘츠부르크까지 __ 66

나의 조각 거울 __ 115

03

생 마르탱 운하의 물보라 __ 118

뼛속 깊은 충의忠義와 애국혼愛國魂이 빛나는 부안 __ 121

선비정신의 산성山城 전주 한옥마을 __ 131

왜구 침입 관문의 방패막이가 된 부안 __ 137

항일의 노래(부안군편) __ 152

|평설| 소재호(시인, 문학평론가)
　　　　대척對蹠의 경계를 넘나드는 상조相照의 미학 __ 156
|발문|

01

매화 등걸에 핀 꽃

 오늘은 한 시골 마을을 밝히고 있는, 고목이 다 되어서도 아름다운 꽃을 피우고 있는 매화 등걸을 보았다. 이를 보며 어려운 생활 속에서도 장애인 손자 아이를 돌보면서 어렵게 사시는 생활보호대상자 할머니가 생각났다. 굽은 허리에 팔십 노구를 이끌고 아들 며느리도 없이 뇌성마비 손자 아이를 정성으로 돌보시는 할머니의 깊은 사랑을 생각했다.
 할머니께서는 머리가 하얗게 센 팔십 대의 고령이시다. 아무런 재산도 없고 가정을 이끌어갈 가족도 없어 정부의 생활보호 보조금만으로 생계를 지탱하고 있었다. 살고 있는 집이라야 낡은 슬레이트 지붕에 흙담집이 전부였다. 그런 오두막집 단칸 방에서 손자와 단둘이 살고 있다. 아이는 남의 도움이 없이는 자기 스스로 일어나지도 눕지도 못한다. 자기의 생각조차 제대로 말할 수 없는 선천성 뇌성마비의 아이였다. 이런 아이와 함께 어두컴컴한 방에서 온종일

지내며, 똥오줌 가려주며, 그 진한 냄새에 젖어 하루하루를 살고 있는 것이다. 하지만 할머니께서는 손자의 초롱한 눈망울만 바라보면 또 하루를 살아야 할 이유가 솟아나신단다.

내가 그를 방문하게 됐을 때 할머니께서는 웬 사람이 이런 집을 다 찾아왔나 의아해 했다. 가까운 친척도 찾아주는 이웃도 별로 없었던 모양이었다. 마을 이장님이나 면사무소 관련 업무 담당자가 살펴주는 일이 전부이다시피 한 모양이었다.

"할머니! 아드님과 며느님은 어디 갔어요?" 나의 질문에 할머니께서는 "……" 푸른 하늘만 쳐다보셨다.

"할머니! 괜찮으세요?"

할머니께서는 "어쩌겠소! 전생에 내 죄가 커서 그런디!" "그래도 저 애는 내게 복동이랑게. 내 죄를 씻게 해주는 업동이여!"라고 말하면서도 어느새 눈가엔 이슬이 젖어있었다. 그러나 그는 생활고에 대한 한마디의 불평도 없이, 떠나버린 아들 며느리에 대한 한마디의 원망도 없이 그저 손자를 돌보는 일을 숙명으로 알고 묵묵히 살고 계셨다. 할머니의 가슴에선 아름다운 매화향이 그윽이 피어나고 있었다.

요즈음 우리 주변에서는 생활고를 핑계로 자기 자식을 늙은 부모에게 맡기고 집을 떠나는 이들을 가끔 본다. 장애인 아이를 보호시설에 맡기고 사는 이도 적지 않다. 방송이나 신문보도에 의하면 늙은 부모를 먼 나라에 데려가 떼어놓고 오는 일도 있다 한다. 그리고는 남들은 하지 못하는 일을 자기는 마치 꽤나 영리하여 실행해낸 듯이… 아무도 알지 못하리라 숨죽이며. 최근에는 자식들을 데리고 저 세상까지 함께 가는 엄마도 늘어만 간다. 이들은 한결같이 왜 나만 이렇게 어려운 삶을 살아야 하느냐며 항변한다. 잘못은 모두 조상 탓, 정부 탓, 사회 탓, 남의 탓이라며. 그래서 그들은 그런 일을 어쩔 수 없이 저지를 수밖에 없었다고 항변하려 한다. 그리고는 잘 사는 이웃을 향해, 사회를 향해 무차별 돌을 던지려 한다. 그래서 끝내는 하나님을 원망하며, 세상을 쉽게 포기하려 하기까지 한다. 오늘도 저 하늘 한 편에 떠 있는 무거운 먹구름은 멎을 줄을 모르는가 보다.

그래서인지 마을 사람들은 이 할머니를 바보 할머니라고 부르고 있었다. 자기 몸 하나 추스르기도 어려운 터에 그토록 어려운 손자 아이를 돌보면서도 어떻게 떠나가 버린 아들과 며느리에 대한 원망 한마디 말할 줄 모른단 말인가. 어느 누구에게도 불평 한마디 할 줄 모른단 말인가. 요즘 같은 세상에서는 좀 약아빠진 사람들이 잘 살 수 있는 세상인데 할머니께서는 저리 무능하니 그토록 어려움을 겪을 수밖에 없는 것이란다. 그래서 할머니는 분명 좀 모자라는 사람이거나 선천적으로 말을 할 줄 모르는 장애우일지도 모른다고 생각하고 있었다. 아니면 혹시 살아 있는 돌부처일지도 모른다며 놀라워하기도 했다. 그러나 할머니의 귓전엔 그들이 수군대는 소리는 한마디도 들리는 게 없었다. 그저 지나는 바람 소리였다. 할머니의 가슴 속엔 오로지 하루하루를 어떻게 하면 이 슬픈 생명에게 활기를 넣어줄 수 있을까 하는 일념뿐이었다. 어떻게 하면 이 아이를 언제나 맑은 눈망울로 빛나게 할 수 있을까 하는 것이 마음의 전부였다. 저 높은 하늘 다다를 때까지.

시골 마을 언덕엔 허리 굽어 고목이 다 된 매화나무 한 그루 매화꽃이 환하다. 한 잎 한 잎 피어나는 매화 향기가 마을을 덮는다. 꽃잎마다 봄을 움 틔운다. 송이송이 아이의 꽃등이 된다.

오늘도 매화 등걸에 핀 꽃이 온 마을을 환히 밝힌다.

세상에서 가장 아름다운 별

내 어릴 적 시골 밤하늘의 별들은 유난히 빛나고 아름다웠다. 한여름 밤이면 나는 마당에 깔아놓은 멍석에 누워 할머니와 함께 하늘의 별을 보곤 하였다. 하늘에는 수많은 별들이 보석처럼 박혀 은하수를 만들고, 은하수 강물은 수만 리 아름다운 꽃밭을 수놓았다. 나는 이 끝없는 강물을 따라 이곳저곳 별 섬을 찾아 분주히 가노라면 밤 또한 지칠 줄 모르고 따라 흘렀다.

내가 하늘의 별 섬을 찾아다니는 동안 할머니께서는 그 초롱초롱한 눈망울 속 아름다운 강물을 따라 끝없이 거닐고 계셨다. 거기 맑은 강물 속 반짝이는 크고 작은 예쁜 보석들을 주워 올리시느라 시간 가는 줄도 모르고 계셨다. 그러던 중 모기 한 마리 나에게 일침을 놓으려 하자 할머니의 줄 부채는 번개가 되어 벼락을 쳤다. 물론 빗나간 벼락불에 놀란 모기는 뒤꽁무니 흔들며 삼십육계 줄행랑을 쳤지만

나는 그만 그 아름답던 하늘의 강가에서 매운 모깃불 휘감는 멍석 위로 할머니의 치마자락에 굴러 떨어지고야 말았다. 할머니의 치맛자락에는 그 아름다운 강물 속 주워 오신 크고 작은 별들이 한 아름 깔려 있었다.

  나는 할머니에게 별 이야기를 졸랐다. 저것은 무슨 별이고, 또 저것은 무슨 별, 어떤 별이냐고. 꼬리를 무는 나의 질문에 할머니께서는 '이놈아! 숨 맥히어 죽겠다!'하시며 이윽고 이야기 보따리를 풀어놓으신다. "하늘에 있는 별들은 모두가 자기 이야기 하나씩 가지고 태어난단다. 먼저, 저기 우리 머리 위에 가장 크게 빛나는 별이 직녀라는 별이란다. 이는 옛날 그리스 나라의 제우스라는 신이 하프라는 아름다운 악기를 하늘에 올려 만든 별이란다. 그리고 그 남쪽 은하수 건너편에는 견우라는 별이 산단다. 직녀와 견우는 매일 베를 짜며 소를 몰아 일하며 사랑에 빠져 있었는데, 결혼을 한 후로는 그 일을 소홀히 하자 왕은 저 은하수를 가운데 두고 그 둘을 남과 북으로 갈라놓았단다. 이를 불쌍히 여긴 까치와 까마귀가 오작교를 만들어 칠월 칠석 날이 되면 1년에 한 번씩 만나게 해주는 슬픈 사랑의 별이란다."

또 저기 북쪽으로 국자 모양을 한 가장 크고 밝은 7개의 별이 있는데 이를 북두칠성이라 한단다. 이는 효심 깊은 7형제가 겨울 찬물 속을 맨발로 건너는 홀로 계신 어머니를 위하여 다리를 놓아드리니 어머니께서 하늘에 빌어 그들을 별이 되게 하였단다. 그리고 그 북두칠성 반대편에는 날아오르는 새의 날개(W자를 거꾸로 한 모양)의 별은 자기의 미모를 자랑하다가 바다의 신에게 벌을 받게 된 카시오페이아라는 별이란다. 또 이별과 북두칠성과의 중간쯤에 움직이지 않고 있는 저 빛나는 별을 북극성이라 한단다. 이별은 길을 잃은 인디언들이 언제나 길을 찾을 수 있도록 해달라는 기도를 들어 북극 하늘의 중심별이 된 것이란다. 그래서 이별은 우주에서 다른 별들의 기준이 된 별인데 언젠가는 직녀별이 이 중심별로 될 거란다".

"너도 크면 이렇게 빛나는 별처럼 어두운 세상을 밝히는 귀한 별이 되어야 한다!" 하시며 이야기를 계속하셨다.

내 어릴 적 시골 하늘의 별은 그리도 빛났다. 예쁜 얼굴 붉히며 높이 떠 있는 별, 가슴 설레며 뒷동산을 오르게 하는 별, 은하수 강물을 따라가다 발을 헛디뎌 개울에 빠지게 하는 심술쟁이 별이기도 했다. 밤이면 나도 몰래 빛나는 별을 따라 강가로 나가곤 했다. 어느 날은 맑은 강물 속 반짝이는 별이 하도 아름다워 별 하나 건지려 물속에 뛰어들었다가 깨어보니 온 동네 사람들 모두 모여 눈물을 훔치고 있었다.

 나도 아름다운 별 하나쯤은 갖고 싶었다. 별에 오르고 싶었다. 그래서 나는 살며시 마당으로 나가 긴 장대를 여러 개 연결하여 하늘을 휘저어 보았다. 하지만 하늘까진 턱없이 짧았다. 다시 뒷동산에 올라 높이 높이 연(鳶)을 날리어 연줄로 별을 당기어보려 하였지만 역부족이었다. 근방에서 가장 높다는 산꼭대기에 올라 별을 향해 있는 힘 다하여 돌팔매를 쏘아 올렸건만 허공을 맴돌 뿐이었다. 모두가 허사였다. 그렇다면 차라리 내가 별이 되어보자. 그리하여 한때 나는 별이 되는 군인이 되어보려고도 했고, 별이 많이 그려진 별 모자를 쓰고 다니기도 했다. 별사탕을 한 줌씩 입에 넣고 잠들어 별을 꿈꾸어 보려고도 했다.

 그러다가 나는 직장을 따라 도시로 나와 살게 되었다. 그런데 도시의 하늘은 별이 보이지 않았다. 매연에 찌든 흙먼지, 음식점, 공장 등을 휘감는 각종 연기는 잿빛 하늘로 장막을 치고 있었다. 아파트 꼭대기에 올라가 보아도, 수많은 교회 종탑 위에도, 천년 고찰의 첨탑에도 별은 보이지 않았다. 하늘은 밤새 창백한 가로등에 취하고, 티끌 안개 휘감긴 네온 불빛에 깜박이며 새벽을 졸고 있었다.

나에게는 별이 떠난 지 오래다. 별이 안 보이니 마음도 멀어졌다. 점차 땅만 보고 걷게 되었다. 이제 나에겐 가족들 선한 눈망울만 가슴에 가득하였다. 나는 맨손 내저으며 많이 걷고, 많은 땀을 흘렸다. 때로는 돌밭 길도 가시밭 길도 걸어야만 했다. 모든 힘을 다하여 굳은 땅, 얼은 땅을 파며 머리에 서리가 내리기까지 하루 같이 살아왔다. 무지개 동산을 꿈꾸며. 그러나 이젠 저녁노을 짙어진 강변에 서게 되었다. 할머니의 '어두운 세상을 밝히는 별이 되라'시던 말씀은 저 멀리 하늘가에 걸어둔 채.

이제 나는 별 볼 일 없는 사람이 되었다. 별을 볼 수 없기 때문이다. 하늘은 지금 검은 구름 장막에 가리워져 있다. 구름 장막 하늘은 별을 보여주지 않는다. 그래서 나는 별 볼 일 없는 사람이고, 별수 없는 사람이 되었다. 그 시골 하늘 빛나던 별들은 다 어디로 갔단 말인가……

그런데 나는 예기치 않게 그 별들을 다시 만나게 되었다. 어젯밤 꿈속에 그들이 찾아온 것이다. 눈 서리에 밝아오는 골목길 따라 찾아왔단다. 점점 구름장막 걷히어 별은 다시 뜨게 되었단다. 그리하여 그 옛날 시골 하늘 빛나던 아름다운 별을 다시 볼 수 있게 되었단다. 그래서 나는 다시 별 볼 일 있는 사람이 되었다며. 하늘에 큰 별 하나 떠오르면 세상에 위대한 사람 하나 태어난다 하고, 하늘에서 큰 별 하나 떨어지면 세상에 위대한 사람 하나 죽는다고 한다. 아마도 우리의 생명은 하늘에서 내린 별이었나 보다. 그래서 우리의 생명은 별처럼 귀하고 아름다운 것인가 보다. 세상에서 가장 고귀하고 아름다운 별, 그 빛나는 생명의 별! 그리하여 그 별을 아끼고, 사랑하고, 그 별을 포근히 안고 사는 사람을 세상에서 가장 아름다운 별이라고들 말하는가 보다. 그리하여 항상 가슴 속 반짝이는 별이 떠 있는 소박한 사람들. 저 시골 하늘 빛나는 해맑은 별들처럼.

"애야! 이제는 방으로 들어가 자거라! 밤이 늦었다!" 할머니의 포근한 말씀이 줄 부채를 타고 귓전을 울린다. 이제 밤은 깊어만 가는데, 저 시골 하늘 아름다운 별들은 유난히 빛나고, 은하수 강물은 나의 가슴 속을 오롯이 젖어만 간다.

꿈속 하늘을 나는 아기 동박새

 나는 수평선 저 멀리 푸른 바다에 아기 동박새 한 마리 묻고 산다. 검푸른 파도 끝없는 바다에 묻힌 작은 외딴섬. 바다 물결 밀려오면 물속 잠기어 밤을 맞고, 썰물에 밀쳐 가면 뭍이 되어 낮을 맞는 곳이다. 낮이면 지친 새 몇 마리 어쩌다 찾아드는, 사람이 살지 않는 외딴섬이다. 흰 구름 타고 노는 파도가 유일한 시침時針인 곳이다.
 이 아기 새와 인연이 된 것은 1979년의 일이다. 아내와 함께한 여행길이었다. 여객선에 몸을 싣고 그 외딴 섬 가까이를 지나던 중이었다. 아내와 나는 갑판 위에 올라 바다 풍경을 구경하고 있는 터이었다. 그런데 갑자기 아기 새 한 마리가 아내의 가슴에 날아와 안긴 것이다. 그리고는 있는 힘 다하여 울음을 터트리는 것이었다. 그의 모습이 너무 안타까웠다. 아내는 그를 포근히 감싸 안았다. 이윽고 나의 아내는 그의 엄마가 되고 말았다. 그는 수 많은 사람들

가운데에서도 유독 나의 아내의 품을 택한 것이다. 이는 얼마 전 나의 꿈속을 훨훨 날던 그 가슴 벅차던 새가 분명하였다.

그는 참새처럼 작았다. 몸의 윗면은 황녹색 이고 배는 흰색이었다. 가슴과 옆구리는 포도색이며 날개와 꽁지는 녹갈색이고 턱과 목 아래 꽁지깃은 노란색이었다. 눈 둘레에는 둥근 고리 모양의 흰색 깃털이 빽빽이 둘러 유난히 빛났다. 그는 가냘프고 작지만 빛나고 아름다웠다. 이는 분명 티끌 한 점 없는 향그런 신록의 계절, 6월에 하나님께서 우리에게 주신 특별한 선물이었다.

그가 집으로 오던 날은 온 가족과 친척들 다 모여 기뻐 맞은 우리 집 경사의 날이었다. 마을 어른들도 입을 모아 축하의 말씀과 덕담을 아끼지 않았다. 아기 새는 무럭무럭 하루가 다르게 자랐다. 몸도 자라고, 하는 짓도 늘어만 갔다. 하루하루 새로운 변화가 일어 그렇게 기쁠 수가 없었다. 잘하는 모습 실수하는 모습도, 웃고 우는 모습도, 떼를 쓰고 심술을 부려도 모두가 예쁘기만 하였다. 점점 더 키가 자라고 지혜가 자라니 더욱 대견스러웠다. "우리 아이는 분명 천재일 거야." 남몰래 굳게굳게 다짐하면서. 아기 새의 행동 하나하나가 집안의 경사였다. 하루하루가 꿈속이었다.
  아기 새는 이제 밖으로 나가기를 좋아했다. 주말이나 휴일이 되면 가끔 우리는 온 가족과 함께 푸른 산을 찾았다. 때로는 많은 나무숲 우거진 깊은 산을 찾기도 하였지만 뒷산은 아름다운 군립공원으로 가까워서 자주 찾는 편이었다. 연분홍 진달래 여기저기 수놓은 산길을 따라 오르면 한눈에 시내를 내려다보기도 하고 툭 트인 서해바다 푸른 물결에 꿈을 날리기도 했다. 활짝 핀 노란 개나리 뒤로하고 잘 다듬어진 잔디밭에 우리 모두 둘러앉아 아이들 재롱을 보며 아내의 정성이 담긴 음식을 함께 나누면 꿀맛이었다. 공원은 온통 우리 아이들 예쁜 얼굴로 가득 차고 아이들 재롱 소린 하늘 가득한 꽃구름이었다.
  그는 나무숲을 좋아하였다. 많은 푸른 나무숲을 좋아했다. 그중에서도 특히 동백나무 숲을 좋아하였다. 붉게 핀 동백꽃 잎에 뛰놀며 하루해가 지는 줄을 몰랐다. 동백꽃 꿀은 그가 가장 좋아하는 음식이기도 했다. 그래서 우리는 이제 크게 우거진 동백나무 숲을 자주 찾기로 계획하였다. 그리고 집 마당엔 빨간 동백꽃 나무 한 그루 정성으로 심었다. 아기 새의 빨간 꿈도 함께 심었다.

그토록 빨갛게 빛나던 동백꽃이 지기 시작했다. 한 송이 두 송이 지기 시작하더니 4월 어느 날인가 마지막 꽃송이까지 까맣게 져버리고 말았다. 그런데 그 마지막 꽃송이 지던 날 우리 아기 새가 갑자기 하늘로 간 것이다. 아무도 모르게 그렇게 간 것이다. 그 붉은 동백꽃 찾으러 간 걸까. 아니면 그 붉은 꽃잎에 물든 가슴 가눌 수 없어 간 걸까. 그는 홀연히 바람처럼 그렇게 가버리고 만 것이다.

아내와 나의 가슴은 일시에 숯 덩이가 되어 멎어버렸다. 풀도 나무도 산도 바다도 숨을 멈추었다. 세상의 시계는 다 멈추었다. 아무것도 눈에 보이지 않았다. 사랑하는 가족도, 가족을 살리는 직장도, 목숨을 지탱할 음식도 모두 먼 나라, 칠흑 밤바다였다. 어딘가를 맨주먹으로 부서지게 치고 싶었다. 터지지 못한 나의 가슴도, 꽉 막힌 담벽도, 꺼지지 않은 땅도, 공허한 허공도, 무심한 하늘도 모두 다 쳐 부셔버리고 싶었다. 한없이 울고만 싶었다. 못 해준 것, 못 입히고 못 먹이고, 하고 싶어 한 것 못 하게 했던 일, 직장을 핑계로 함께 하지 못한 많은 시간, 특히 잘 못한다 야단치며 모질었던 말 한마디 한마디… 이 모든 것에 가슴은 갈기갈기 찢어지고, 한없이 목 놓아 울었다. 피가 터지도록 울었다.
 이제는 그를 아름답게 보내 주어야 할 때다. 이제는 하늘 나라에서 빛나는 별이 되라 하자. 하나님은 분명 하늘에서 그를 크게 쓰실 계획이 있으시어 그 선한 아이 일찍 부르셨을 거야. 우리가 못다 한 것 다 하나님께서는 마음껏 누리게 해주실 거야. 우리가 그를 기쁘게 보내 주어야 하늘에서도 마음 편히 더 큰 기쁨과 사랑을 누리게 될 거야. 말라붙은 풀잎처럼 몸과 마음을 가누지 못하는 아내를 겨우 부축하여 일으켜 세웠다. 그리고는 우리 아기 새 아름다운 꿈 펼칠 아늑한 보금자리를 찾아 나섰다.
 우리는 그와 함께 처음 만난 푸른 바다 그 작은 섬으로 갔다. 그리고 우리는 밤낮으로 하늘이 보이고 별이 보이는 섬 자락 양지 녘을 찾아 그를 묻었다. 이제 세상은 바라보지 말고 하늘만 바라보라고. 바다 같은 큰 꿈 꾸라고. 넓은 바다 훨훨 나는 꿈의 새 되라고. 높이 높이 흰 구름 타고 하늘에 올라 아름다운 꿈에 살라고.
 그러나 그는 우리 곁을 떠날 줄을 몰랐다. 엄마의 가슴 속 피멍이 가시지 않아 저미는 가슴 떠날 수 없단다. 가족들 눈망울이 선하여 길을 잃었단다. 그 동백나무 숲 둥지

잊을 수 없어 갈 수 없단다. 그리하여 밤이면 칠흑 바다 흰 물새 되어 살며시 온단다. 새벽달이 되어 남모르게 찾아온단다. 그리하여 낮이나 밤이나 어두운 가슴 속 떠오르는 둥근 달이 되었단다. 그리고는 밤마다 나무도 풀도 바위도 졸고 있는 밤, 칠흑 바다에 싸여 홀로 외딴섬을 지키고 있단다. 별과 함께 밤을 지키고 있단다.

  그래서 우리는 검푸른 파도 넘실대는 밤이면 수평선 저 멀리 외딴섬 떠오르는 둥근달을 찾아간다. 혹여 거센 파도에 밀리지나 않을까. 혹여 칠흑 바다에 묻히지나 않을까. 밤이고 낮이고 갑자기 푸른 바다 돌개바람 일면, 별을 따라 달을 따라 쏜살 바람 타고 간다. 그리고 밤마다 섬 자락 때리는 물결 소리에 빈 가슴은 소리 없이 무너진다. 밤이나 낮이나 남모르게 훔치는 눈물은 울렁이어 오는 파도, 낙수 되어 바위를 뚫는다.

  그래도 저 멀리 푸른 바다 묻힌 작은 외딴섬에는 오늘도 빨간 동백꽃 한 송이 붉고 붉어 푸른 하늘을 밝히고, 빨간 꽃구름에 아기 동박새 한 마리 꿈속 하늘을 난다.

향기로운 겨울나무

맨몸으로 겨울 언덕을 넘은 나무들은 그 꽃향기가 참 곱다. 살얼음 눈 서리에 씻긴 숨결은 참으로 맑고 은은하다. 동녘 해 살짝 새벽을 열고 얼굴 붉히면 가슴 열어 반기는 옹기종기 겨울나무들 앞다투어 들마당으로 나와 밤새워 쌓인 한숨 빛발에 씻는다. 가지마다 바람 흔들어 틔운 새 움은 향기로운 푸른 세상 열리라 하늘 향해 양팔 들고 봄 마당으로 나아온다.

겨울나무 푸른 세상 열고자 밤새워 대문 열고 가슴 조여 기다리는 앞마당 운림산방雲林山房[1]에는 산길 따라 들길 따라 겹겹이 짙푸른 산줄기들 병풍 되어 달려오고, 하늘을 나는 기러기 떼, 비둘기 떼 향기로운 노랫소리 앞마당 하늘에 높은 닻을 올리고, 높푸른 산하 우람한 산봉우리 한 조

---

[1] 전라남도 진도군 의신면 사천리에 소재하는 소치 허련 선생 화실의 당호

각 흰 구름까지 반겨 맞는 소치小癡[2]의 운필雲筆 은 앞마당 넓은 뜰 곱게 앉을 꽃자리를 펴니, 그 티끌 한 점 없는 연록의 맑은 숨결은 향기롭고 화사하여 눈이 부시다.

특히 살 바람 눈보라에 헤진 몸 묵묵히 견디며 세상을 맑힐 꽃잎만 피우고 있는 저 사람을 일반사람들은 '저 속알머리 없는 자'라고 야유를 퍼붓기도 하지만 '고난받은 자의 진정한 승리는 자기 생명을 먼저 지키는 일보다 새 생명의 씨앗을 우선하여 잘 보존 하여야' 아름다운 세상을 여는 일이라며, 맨몸으로 어두운 겨울의 강을 건너는 이들이 있다. 예수님께서도 "한 알의 밀알이 땅에 떨어져 죽지 않으면, 한 알 그대로 있고, 죽으면 열매를 많이 맺는다."고 말씀하셨듯이, 자기 자신이 먼저 희생하지 않고서야 어찌 진정한 푸르고 향기로운 생명의 꽃을 많이 피울 수 있을까.

맨몸으로 꽃을 피우는 겨울나무 중에는 맨 먼저 봄 마당으로 나아와 새벽을 여는 매화나무가 있다. 아직은 산자락 남아있는 눈더미 젖히고 맑은 눈망울 터트리면 맑은 숨결 은은한 향기로 온 마을이 젖는다. 찬바람에 차조 알 까까머리 내미는 산수유도 삐죽삐죽 황금 수술을 틔우고 바람

---

[2] 조선조 후기 남종화의 거봉 허련 선생(1808~1893)의 아호

결 일렁이는 노란 꽃향기는 가슴 속 달콤한 사랑에 젖으며, 톡톡 튀는 꽃 수술에 붉은 사랑 익어가고, 살구꽃 피는 마을은 소녀 가슴 꽃샘바람에 불이 붙고 연분홍 꽃잎에 실린 그리움은 벌써 고향으로 달려간다. 단아한 소복 여인으로 앞뜰에 선 백목련은 백옥을 깎아 들고 하늘 밝히며 스스로 '공주의 꽃'으로 북향하여 충절을 보이는 그 자태 더욱 청순하다. 진달래, 복숭아꽃, 배꽃도…먼저 꽃으로 인사하는 예절과 빼어난 미모의 하늘 여인으로 이름이 높다.

내가 아는 매화마을 한 할머니는 아이들이 셋 있었다. 남편을 여의고 맨손으로 아이들을 맡아야 했다. 눈앞이 캄캄하였다. 그날로부터 청상과부가 된 그녀는 부끄러움도 아랑곳하지 않고 그저 궂은 일 다 해야 했다. 남자들도 하기 힘들다는 행상에 나섰다. 시린 배 거머쥐고 눈보라 언덕을 넘어야 했다. 하루에도 백 리 길은 더 걸었으리라. 옹달샘 표주박에 주린 배 불리기가 일쑤였다. 지치고 힘들어도 초롱초롱한 눈망울 선하여 발걸음 힘이 솟았다. 아이들은 커서 사회의 어엿한 사회인이 되었다. 그러나 할머니는 자기의 고난을 주위에 뻥끗도 하지 않았다. 그저 빈손으로 세 아이를 맡아 그 암흑의 겨울을 무사히 지날 수 있게 된 것만을 감사하고 감사할 뿐이었다.

또한 목련화 마을 할머니는 선천성 뇌성마비가 된 손자와 함께 살고 있었다. 할머니가 직접 일으켜야 하고 눕혀야만 하며 대소변을 받아내는 아이였다. 방안이 온통 분糞내로 가득했다. 이런 손자를 혼자 두고 죽을 수도 없다고 말했다. 그러한 삶의 끝은 언제일까. 안개와도 같은 삶, 그러나 할머니는 희망을 잃지 않았다. "내가 이거라도 해야 하나님이 복 주실 꺼 아니냐"며 눈물지었다. 이런 자식을 버리고 사라진 아들과 며느리에 대한 원망은 한마디도 없었다. 오히려 그는 자기의 전생의 죄업을 씻는 일이라며 묵묵히 먼 길을 가고 있었다.

그런데 나는 운전면허증 하나 따고서도 즉시 전화를 걸어 가족에게 알리고 주위에 자랑을 참지 못하였다. ○○ 시험, ○○ 시험 등 누구나 할 수 있는 일천 한 자격증을 땄을 때에도 같았다. 그중에 가장 부끄러웠던 일은 신인으로 등단 되었을 때의 일이다. 은근히 등단을 알리고 싶어 등단 된 월간지를 곧바로 몇몇 친척과 친지들에게 배포하였다. 그리하여 축하와 격려도 받았다. 그러나 그것이 곧 나에게 씻을 수 없는 부끄러움으로 남게 될 줄이야. 그것은 아직 글이라

기보다는 하나의 독백이었다. 그런데 그것을 마치 일신 전속적 자격이나 부여받은 양 상기되었으니 실로 무식의 처사였다. 무식하면 용감하다는 말이 있지 않은가. 실로 나는 날마다 더하는 무식을 오늘도 길어 올리고 있다. 그리고 그 때의 부끄러움 지울 수 없어 가끔 스스로 웃어본다.

어느 날은 자기 사무실 앞에 상호와 함께 색다른 플래카드 하나 걸어 놓은 것을 보았다. 자기 아들이 OO 시험에 합격하여 경축한다는 내용이었다. 아마도 아들의 형설지공이 너무 대견하여 격려하고 싶었던 어머니의 사랑이었으리라. 그러나 지금까지는 출신 학교나 같은 직장, 동우회 등 지인들이 축하하여 주는 것이 일상이었다. 그런데 어머니가 자기 아들을 축하하기 위해 홍보물을 직접 길거리에 내건 것이었다. 지나는 이들은 어머니의 "자식 사랑"에 대해 고개를 갸우뚱거렸다. 상호 위에는 어느새 "자화자찬도 대단한 합격인가 봐"라는 중얼거림이 점점 무겁게 꽂히고 있었다…

사람들은 자기만을 먼저 사랑해 주기 원한다. 정작 자기는 다른 이들에게는 관심이 없으면서. 자기의 이익을 위해서는 혈안이면서도 다른 이들의 형편은 고려하지 않는다.

자기 자랑에는 침이 마르면서도 남의 이야기는 귀담아들으려 하지 않는다. 그렇다면, 관심이 없는 곳에 어찌 사랑이 피어나리. 남을 배려하지 않는 곳에 어찌 화합과 화목이 있으리. 자기 자랑에만 취하는 자들에게 어찌 순결한 향이 고이리.

그렇다 맨몸으로 겨울 막아내며 미래의 새 생명을 여는 이 들은 향기로운 세상을 연다. 푸른 잎에 붉은 사랑 불태우며 봄을 여는 동백이라지만 그 향이 어찌 맨몸으로 흰 눈 속 솟아나는 매화의 맑은 향기 따를 수 있으리오. 푸른 잎에 아름다운 꽃잎 오월을 수놓는 영산홍이라지만 그 향이 어찌 맨몸으로 옥빛 하늘 밝히는 백목련의 은은한 숨결 닮을 수 있으리오.

특히 살 바람 눈보라에 헤진 몸 묵묵히 견디며 세상을 맑힐 꽃잎만 피우고 있는 사람을 일반적으로는 '저 속알머리 없는 자'라고 야유를 받기도 하지만 '고난받은 자의 진정한 승리는 자기 생명 먼저 지키는 일보다는 새 생명의 씨앗을 먼저 잘 보존하여야' 아름다운 세상을 여는 일이라며 맨몸으로 어두운 겨울의 강을 건너는 이들이 있다. 예수님께서도 "한 알의 밀알이 땅에 떨어져 죽지 않으면, 한 알 그대로 있고, 죽으면 열매를 많이 맺는다."고 말씀하셨듯이, 자기 자신이 먼저 희생하지 않고서야 어찌 진정한 푸르고 향기로운 생명을 많이 꽃을 피울 수 있을까.

특히 길고 긴 겨울밤 살얼음 빙판 속에서도 맨몸으로 겨울을 막아 감추어 둔 귀한 새 생명, 미래의 꿈나무를 푸르게 틔워낸 그 깊고 깊은 사랑이야말로 가히 성인의 꽃이 아니리오.

나는 감히 이런 겨울나무가 될 자격이 없지만 그래도 그런 꽃나무가 되고 싶다. 먼저 자기를 비우고, 고난과 역경 속에서도 남을 탓하지 않고 꿈을 향해 묵묵히 걷는 맑은 사람, 어려운 생활 속에서도 남을 먼저 배려하고 사랑하는 사람. 모든 것에 감사하고 그저 고마운 마음으로 가슴 속 푸른 파도가 넘치는 사람, 나도 그런 사람이 되고 싶다…

이제 우리 저 운림산방 화폭 속의 귀공자님들 모두 모두 봄 마당으로 나와 겨울나무를 노래하며 춤을 춥시다. 백매화, 홍매화, 백목련, 자목련, 동백꽃, 벚꽃 모두 모두 손에 손잡고 백일홍 연지蓮池에 어깨춤 출렁이며 샘솟는 봄노래

힘껏 부릅시다. 타오르는 뜨거운 숨결 가지마다 퍼 올려 겨울나무 하늘 가슴 타는 꽃불을 놓읍시다.

『강남 까마귀』소설을 읽고

 "까마귀"하면 우리 민속에서는 일반적으로 불길한 징조를 알리는 새로 알고 있다. 그러나 고대 이집트나 중국에서는 태양신으로 삼족오三足烏를 받들어 왔으며, 우리 고구려에서도 깃발에 새겨 국조國鳥화 하였고 일본에서는 천신의 사자로 여기는 등 세계 여러 나라에서는 창세신화의 주역으로 삼아왔다. 특히 까마귀는 어미 새가 늙어지면 새끼 때의 은혜를 잊지 않고 어미에게 벌레를 잡아다 먹인다하여 동물 중에서는 유일하게 효를 행하는 새라 하여 효조孝鳥라 이르기도 하고, 우리의 옛 조상들은 반포지효反哺之孝의 교훈을 인륜의 도리로 삼아왔다.

 그런데 작가의 고향인 덕림마을은 삼면이 청솔 숲으로 둘러싸인 큰 숲마을로 그 고아한 자태의 학鶴과 까마귀 떼의 아늑한 보금자리였다, 하늘이 구름에 어두워져 비라도 올 듯 하는 날이면 하늘을 덮는 까마귀 떼의 고공에 펼치는 난무亂舞는 참으로 장관壯觀이었으며 이로써 마치 한마을 가족의 일원이 되기도 했다. 이렇듯 정 깊었던 시골마을 까마귀가 어찌하여 그 삭막한 서울의 한복판인 강남의 아파트에까지 가게 되어 지금 눈물을 흘리고 있다는 말인가!

　이제 본 이야기의 줄거리를 대략 요약하여 보면

　오늘의 주인공 박점동은 변산반도 부안 땅 한 시골 마을인 덕림에서 한 가난한 농부의 아들로 태어나 장래에 큰 농장주가 되리라는 꿈을 꾸며 살고 있었다. 그러나 가난한 집안으로 사회적 힘이 없는 그는 정부로부터는 "공출"이라는 미명 아래 수탈을 당하고 강부자라는 지주로부터는 세도의 횡포로 인권을 유린당하면서도 오히려 그들의 비위를 맞추며 살아가야만 했다.

　6·25 한국 동란기를 맞아서는 오달수라는 남로당 조직세포의 꼬임에 빠져 변산 빨치산 유격대에 자진 입대하게 되고 인민의 해방과 남조선 혁명을 찬양하기도 했다. 그러나 인민의 재산을 약탈하고 수많은 인민의 생명을 무참히 죽이고도 일말의 죄책감도 없이 우쭐해 하는 그들에게서 회의를 느끼게 되어 그곳을 탈출 서울로 도망하게 된다. 이로

인하여 그는 아버지를 총탄에, 어머니를 미치광이가 되게 하여 잃게 되며, 꿈에도 그리던 소꿉친구 수님이와 고향도 등지고 만다.

서울로 간 그는 갖은 역경을 이기며 돈을 벌었고 주경야독으로 대학에 진학하여 사랑에 빠지기도 한다. 그러나 천애고아 전라도 출신 촌놈이라는 이유로 부모의 반대에 부딪쳐 결혼에 실패하고 만다.

그러다가 전남 영암 출신 천애 고아 정말자와 결혼하게 되는데 이들 부부는 연탄 불쏘시개를 만들어 팔고, 굴러다니는 깡통을 주워 모아 고철로 파는 등 갖은 고생을 다 하며 돈을 모으게 된다. 돈이 조금 모아지자 이들은 평생의 꿈이었던 귀농의 꿈을 이루고자 강남의 허허벌판이었던 차도 잘 다니지 않는 곳에 콩밭 한 필지를 사게 된다.

그렇던 이곳이 불과 몇 년 후 호화스런 건물들이 많이 들어서게 되자 땅값이 오르게 되고 채권자는 급기야 경매처분을 하게 된다. 이에 점동은 빚을 갚고 남은 돈으로 이 곳 강남에 30평짜리 서민 아파트를 구입하게 되는데 사람들은 이 진달래아파트를 까마귀들이 사는 동네라고 비웃는다. 이곳에서 점동이는 노인회장이 되고 할머니는 고속터미널

담벼락 아래에서 어묵과 김밥을 팔아 생계를 유지하면서도 아빠도 엄마도 없는 손녀 윤주가 오로지 잘 자라기만을 바라며 사는 것이 삶의 목표요 생활의 전부였다.

그런 윤주가 요즈음 학교 공부는 내팽개치고 점점 좌경의식에 물들여져 소고기 수입 반대 촛불집회에 연일 앞장서고 있었다. 민심을 잠재워야 할 위정자들을 인왕산 바위 뒤에 숨고, 집단이기주의자들이 까마귀 떼처럼 몰려들어 종합성토장이 되고 있다고 생각하는 점동은 물정 모르는 윤주가 희생되지 않을까 하는 예감으로 시위군중의 현장 속으로 파고 들어간다.

그런데 시위군중 속에서 쓰러지는 한 소녀가 윤주인 줄 알고 경찰이 휘두르는 방패를 막아서던 점동은 그만 머리를 다쳐 쓰러지게 되고 곧 깨어나 일어서면서 맞은편 벽에 붙은 "김일성 장군 만세!"라는 벽보를 발견하게 된다. 그래서 그는 그것을 누가 보기 전에 떼어버리려 하던 찰나에 그만 체포되고 만다. 그리하여 그는 국가보안법 위반 7년 형의 징역에 처하게 된다.

감옥에 든 점동은 푸른 수의를 걸치고 자기의 생애를 뒤돌아본다. 태어남도 어려운 삶을 살아가는 것도 자기의 의

지대로 살 수 없는 백성들이 이 땅의 주인노릇 하는 날은 언제일까? 민초들의 자유와 공평은 어디에서도 찾을 수 없고, 민초들의 삶은 안중에도 없이 보수와 진보는 자기들 세력다툼에만 혈안이 되어있는 세상. 점동이 추구했던 민주는 언제나 신기루였고 그가 갈망했던 민생은 만장을 펄럭였다. 우중충한 교도소 건물 너머로 까마귀 한 마리 까욱까욱 울면서 넘어가고 있었다.

그렇다면 이 땅의 진짜 주인은 누구란 말인가

오늘도 수많은 세도가와 가진 자들은 여전히 강남의 진달래아파트에 사는 그들을 까마귀 떼들이라고 비웃고 있다. 그러나 우리의 주인공 박점동은 한평생 자신의 의지와는 달리 그저 시대적 광풍에 의해 밀려다니는 삶이었다. 거짓없이, 누구에게도 피해주는 일은 하지 않고, 무심코 성실하게만 살아왔지만 그것이 올무가 되어 이제는 감옥으로 변한 것이다. 어쩌면 점동은 이제 세상에 소외되고 말없는 대중의 대변자가 되어버린 것이다. 이들이야말로 이 땅의 진정한 주인이 아닐까. 세상을 흔드는 광풍은 말없이 서 있는 나무들을 희생 제물로 삼는 것이 자연의 섭리란 말인가. 고래 싸움에 새우 등 터진다는 말도 결국 이를 두고 한

말 이리라. 이제 점동은 조그만 창틈으로 비쳐오는 흰 구름 하늘을 바라다본다. 그리고는 안타까운 세상을 내려다보는 까마귀가 되어 남모르게 눈물을 흘리고 있는 것이다.

 따라서 이글은 나에게 참으로 다양한 충동으로 다가와 나의 무딘 가슴을 뜨겁게 달구어 놓고 말았다. 무엇보다도 먼저 이 글은 우리 부안 지역을 중심으로 일어났던 "공출"과 "소작인"의 시대상 그리고 6·25 한국 동란기의 뼈에 사무치는 피의 역사 등 지나간 역사 속에 말없이 묻힌 대중의 가슴아픈 사연들을 오늘의 현장처럼 절절히 옮겨 놓았다는 것이다. 또한 서울로 도망쳐 가야만 했던, 세상으로부터 억눌린 자와 가난한 자들의 역경을 이겨내는 사회 환경의 완악함을 체험적으로 그려냈다. 그렇기에 우리는 그 사회를 향하여 울분에 찬 두 주먹을 불끈 쥐지 않으면 안되게 하였다. 그런가 하면 이 글을 더욱 빛나게 하는 섬세한 표현들로, 완행열차 속에서 벌어지는 당시 사회의 생활 풍경이라든지 사랑에 빠진 사람들의 가슴 속 이야기들을 어쩌면 그렇게 여인의 아름다운 가슴 봉오리를 대하듯 감미롭게 썼을까 함이다.

 그러나 수입 소고기 반대 촛불집회와 이와 관련 주동자

들의 행위를 이기적 집단이나 불한당 폭력조직의 행위로 표현한 것과 윤주와 관련된 사람들의 행위를 너무나 극단적 종북 좌경의식의 소행으로 몰아붙인 듯한 표현 등은 나로서는 동의하기 힘든 내용이었다. 다만 의식화 군중들의 소용돌이 속에서 일반 대중은 소외되고 억눌려 살고있다는 것을 그리 과격하게 표현한 것은 아닐까 생각해 본다.

 그러함에도 불구하고 이 글은 섬세한 가슴으로 순수하고 진실한 사람들의 삶과 고난을 세상에 잘 드러낸 글이라 하겠다. 세상의 바람에 덩달아 춤추지 않으며 오직 선을 추구하는 양떼들의 가슴을, 감추어 둔 보화를 꺼내 보이듯 세상에 잘 펼쳐낸 글이라 하겠다.

 오늘도 우리의 주인공 박점동의 기도 소리 한마디가 나의 가슴 속을 끊임없이 맴돈다. "주여! 이 땅에는 너무나 많은 올무와 덫이 널려 있어 선을 추구하는 당신의 양떼들이 자유롭게 살 수가 없습니다. 나는 나의 의지와는 상관없이 산 삶의 길이 아니었습니까. 불의한 자들은 세도의 칼을 잡고 있으며, 지혜롭다는 자들의 눈은 어두워졌으며, 가진 자들은 헐벗고 굶주린 자들을 겁박합니다. 이 죄인의 억울함을 신원하여 주소서!"

02

영혼의 선율이 머무는 성

1

해맑은 아침 햇살은 잘츠부르크(Salzburg) 고요한 가슴에 길게 뻗어내리고, 하늘 맞닿은 알프스(Alps)만년설 언덕 넘어 세상을 밝히는 맑은 영혼의 선율은 저 아름다운 잘츠부르크 성城에 머문다.

잘츠부르크!이는 그 천재 악성樂聖 모차르트(Wolfgang Amadeus Mozart)의 고향! 저 아름답고, 알프스의 대자연과 조화를 이루며 삼면에 둘러싸인 숲, 수천 년 예술적 풍요로움이 스며 있는 시가지, 도시 한가운데 맑은 물소리 날리며 가로지르는 옥빛 잘츠흐(Saizach) 강, 이들 위에 세상을 놀라게 한 모차르트의 아름다운 선율이 빛나고 있으니 가히 천혜의 풍광이라 아니하랴.

잘츠부르크는 696년 웜스 루퍼트 주교(Saint Robert,

évêque de Worms)가 세운 도시였다고 한다. 원래는 소금광산이 있어 소금의 성이었다고도 한다. 산너머 티롤(Tyrol) 지방의 소금 광산과 더불어 소금 산지로서 유명하다.

그러나 1756년 1월 27일 함박눈 내리던 날, 이곳에 탄생한 모차르트의 생애 이후로는 음악의 도시, 음악과 낭만의 도시라는 수식어가 더 많은 사람들로부터 사랑을 받고 있다. 이러한 정취를 찾아 한 해에도 수백만 명의 관광객이 이곳을 찾는다 하니 과연 틀림이 없는 말 같다.

모차르트는 세 살 때 클라비어(Klavier)를 배워 네 살 때에는 이미 소곡小曲을 연주하기 시작하여 어린 나이로 바이올린과 오르간을 연주하며 교향곡을 썼고, 12세에는 가극을 쓰고, 15세까지는 거의 모든 형식의 악곡을 작곡하였다 하니, 이를 어찌 천재 음악가라고들 말하지 않겠는가. 그 때문이었는지 나의 아내도 평소 여러 음악가들 중에서도 특히 모차르트에 대한 관심이 깊었기에 나는 딸 소진이와 사위와 함께 이번 여행지를 이곳으로 정하였다.

사실 나는 음악에 대해서는 별로 아는 것이 없다. 내 어릴 적에는 주변 어디에서도 피아노 소리를 들어본 일조차 없다. 우리 마을에서 볼 수 있는 악기라고 해야 동네 굿

할 때 쓰는 장구와 꽹과리, 소고, 징 그리고 마을 형님이 늘 애지중지 가지고 다니던 고운 대나무로 만든 퉁소가 전부였다. 어쩌다 시골 면 단위 노래자랑이라도 열리면 기타(Guithr), 아코디언, 드럼 등 몇 가지 더 구경할 수 있었다. 나는 초등학교 시절 예쁜 여자 음악 선생님께서 들려주시던 풍금(organ) 소리가 하도 신기해 그 교실 문 몰래 들어가 덮어 둔 건반 위를 가슴 두근거리며 몇 번 만져보기만 하였다.

 달빛이 휘영청 밝기라도 하는 날이면 우리 시골 마을을 둘러선 푸른 소나무 숲 사이로 그 형님이 들려주시던 퉁소 소리가 감미로워 잠 못 이루곤 하였다. 그래서 나도 그 소나무 동산에 올라 선구자, 옛 동산에 올라, 봄 처녀, 동무 생각 등 우리 가곡을 익혀보려고 마음껏 목청을 높여 소리쳐보기도 하였다. 그러나 250여 년 전, 우리나라로서는 그 아득한 조선의 영조 대왕 시절에 벌써 모차르트는 오선지에 작곡을 하고, 바이올린과 피아노를 연주하며, 그것도 세계사에 영원히 남을 아름다운 명곡을 세계인의 가슴속에 꽃을 피웠다니…

 나는 모차르트가 꿈에 살다 간 이 거리에 서 있다는 것만으로도 마음에 흥분을 느꼈다. 오늘도 세계의 수많은 관광객들은 유난히 노란색으로 눈에 띄는 6층 건물 앞에 모여 서 있다. 천년 고풍의 게트라이데(Getreide)거리에 있는 모차르트의 생가를 보기 위해서이다. 나는 가파른 층계를 타고 3층으로 올라갔다. 그의 가족과 함께 살던 방, 수프를 끓이던 부엌, 아버지 레오폴트(Leopold Mozart)의 편지, 자필 악보, 그 일가一家의 초상화 등 그의 어릴 적 삶의 흔적들을 엿볼 수 있었다. 그가 사용했다는 바이올린과 피아노 앞에서는 온 세상을 젖게한 그 감미로운 음악소리가 저 건반 위에서부터 울려 퍼져나갔으려니 하니 경건한 마음에 저절로 머리가 숙여졌다. 특히 그가 살던 방 창가에 서니 저 아래 내려다보이는 아름다운 시가지이며, 옥빛 물결 흐르는 잘츠흐 강이 한 폭의 아름다운 풍경화가 되어 우리는 위대한 시인은 아니어도 무언가 영감의 소리가 들리는 것만 같았다.

  모차르트는 35년이라는 짧은 생애에도 불구하고 1,000곡이 넘는 주옥같은 작품들을 남겼다. 그는 네 살 때 쳄발로 연주를 배워 소곡小曲을 연주한 아래 피아노곡, 성악곡, 기악곡, 관현악곡, 오페라 등 모든 분야에 걸쳐 불후의 명작을 남겼다. '근대적 대 협주곡'의 시대를 열었다는 '피아노 협주곡 제9번 Eb장조', 모든 시대를 통하여 교향악 예술의 정점을 이루었다는 '교향곡 제38번', 오페라 중의 오페라 '돈 조반니', 그리고 자기 자신의 죽음을 예감하고 썼다는 미완성 진혼곡 '레퀴엠' 등 세계사에 길이 빛날 수많은 불후의 명작들을 남겼다.

2

잘츠부르크에는 어디를 가도 모차르트의 영혼이 깃들지 않은 곳은 없다. 호엔 잘츠부르크(Festung Hohensalzburg) 성城은 이곳에서는 제일 높은 곳에 1077년 게브하르트 대주교가 남독일 제후의 공격을 대비하여 짓기 시작한 천하의 요새란다. 깎아지른 암벽 위에 웅장하게 쌓아 올린 이 성은 영화 사운드 오브 뮤직(The Sound Of Music)의 첫 장면을 연 곳으로 그 멋진 위용을 자랑한다. 여기에 보관된 모차르트와 하이든(Franz Joseph Haydn)이 함께 연주했다는 파이프 오르간은 아직도 그 연주 소리로 온 시내를 덮는 듯하다. 이곳에선 시내를 한눈에 바라볼 수 있어 우리 모두의 가슴은 시원스런 푸른 바다가 되었다. 구 시가지의 레지덴츠 광장(Residenz Platz)에는 중세의 건축물인 주州 청사廳舍와 역대 주교들의 궁전이 그 웅장함과 화려함으로 압도하고 있어 마치 우리는 타임머신을 타고 중세시대에 이른 듯했다. 그 내부에 있는 모차르트가 연주하던 홀은 아직도 끝나지 않은 그의 연주 소리를 기다리는 듯하고, 광장에는 바로크식 양식의 예쁜 분수가 시원스레 물을 뿌려주고 있었다. 주 청사 앞 광장에는 높이 솟아 있는 모차르트의 동상이 머리칼 휘날리며 그 옛날 광장에 명 연주소리 드높이던 모습으로 수많은 관광객의 발길을 붙잡아 지휘하고 있고, 광장 한 켠 시민의 정신적 지주가 되고 있는 로마네스크(Romanesque) 양식의 대성당은 모차르트가 세례를 받은 곳으로 그 성수함聖水函을 보존하고 있으며, 그가 연주하던 6,000여 개의 파이프로 된 오르간은 지금도 그 옛날의 명 연주 소리가 울리는 듯 하였다.

천년 고풍의 거리, 세계에서도 가장 아름다운 쇼핑의 거리로 이름난 게트라이데 거리는 각자만의 독특한 수공 간판을 자랑하며, 모차르트는 상품마다 예쁜 인형이 되어 온 종일 찾는 이의 미소가 된다. 수많은 조각상과 봄부터 가을까지 황홀한 꽃향기 그윽한 미라벨(Mirabell) 정원은 또한 세계에서 가장 아름다운 정원으로 일컬어진다. 거기 모차르트가 연주했던 대리석 홀이 있는 미라벨 궁은 지금도 콘서트 홀로 사용되고 있어, 옆에 있는 모차르트 대학과 함께 그의 아름다운 숨결들을 오늘에 되살리고 있다.

그렇다면 왜 잘츠부르크는 이렇듯 모든 생활의 중심에 모차르트를 안고 있는 것일까. 왜 세계인이 끊임없이 그를 즐거워하며 세대를 넘어 이곳에까지 와 줄을 서는 것일까. 나는 그 질문에 스스로 대답하여 본다. 아마도 그것은 모든 이 들이 행복을 느끼고 싶어서일 거라고. 행복이란 즐거움에서 나오고, 즐거움이란 아름다움과 맑은 마음의 노래에서 나온다 할 것이라면 아름다운 노래야말로 행복을 느끼게 하는 최고의 근원이라고 말할 수 있지 않을까. 아름다움을 한 편의 시와 같다고 한다면 그 시에는 마음의 리듬이 있어야 하고, 마음의 리듬이란 그 내면에 흐르는 아름다운 음악을 이름이 아닐까. 그렇다면 세계 역사상 아름다운 음악을 들려준 모차르트야말로 사실 인류에게 평화와 행복을 선사한 아름다운 천사라 아니할 수 없겠다. 그렇다! 천재 음악가 볼프강 아마데우스(Wolfgang Amadeus) 모차르트! 그는 세계 속에 세대를 넘어 온 인류의 가슴마다 아름다운 영혼의 선율로 머무는 행복의 성城이요, 길이길이 우리와 함께 할 불멸의 음악 천사이리라.
　이제 나는 아내와 함께 아이들 두 손을 잡아 저 옥빛 잘츠흐(Saizach) 강변에 서서 하늘로부터 아름다운 영혼의 선율을 나르는 푸른 물결 한 줌 가슴에 담아본다.

연鳶줄에 실린 사랑의 무게중심

 나는 지금 아내와 딸, 사위와 함께 프랑스의 북 노르망디(Normandie)의 영화촬영지이기도 한 에트르타(Etreta) 해안의 코끼리바위를 구경하고 파리로 귀가하는 길이다. 노르망디 뽕 다리(Pont-Neuf Bridge)를 건너니 푸른 강물이 흐른다.
 강줄기를 따라 해안선이 잘 닦여져 있다. 해안선을 따라 승용차로 신나게 달리던 사위는 별안간 이곳에서 연鳶날리기를 한번 해보면 어떻겠느냐고 한다. 이곳은 노르망디 바다와 접하는 센(Seine) 강의 최 하류 지역으로 경관이 빼어나고, 역사와 문화의 정서가 깊은 옹 풀뢰(Hon Fleur)라는 작은 항구도시란다. 그래서 이름난 화가들이 많이 찾는 곳으로, 햇볕 가득한 지금 오후 한 때 저 푸른 숲 해안을 흔드는 바람결에 연을 날린다면 그 운치가 딱일 것이라는 것이다.

그래! 좋아! 한 번 해보자! 이국땅 프랑스에서 이 나라의 연으로 날리기를 해보는 것도 하나의 좋은 추억이 될 수 있으리라. 연날리기! 이는 내 어릴 적 고향에서 즐겨하던 놀이였기 때문에 금방 가슴이 뭉클하여져 옛 시절이 적시어 온다. 벌써 60여 년 전의 일이다. 내 코흘리개 시절 동네 아이들과 고향 언덕에서 연줄에 줄달음치던 일은. 높이 띄우기, 재주부리기, 하늘에 고정하기, 멀리 떠 내리기, 연 끊어 먹기 등. 어쩌다 연싸움에 지는 날이면 멀리멀리 떠내려간 연 생각에 몇 날이나 밤잠을 설치며 복수의 두 주먹을 가슴에 묻어두던 일들…

연 놀이는 우리나라만의 민속놀이로 알았다. 그런데 이 나라에서도 민속놀이로 하다니! 우리나라의 연은 서기 647년 신라 진덕여왕 즉위의 해에 비담이라는 자가 떨어지는 별똥별을 빙자하여 반란을 일으키자 김유신 장군이 이를 제압하기 위한 방편으로 사용하였다는 최초의 기록이 있다. 1954년에는 민족정신 계승을 위한 연날리기대회가 전국 최초로 개최되어 민속놀이로서 크게 확산되었다고도 한다. 우리나라의 연은 100여 종류 이상 되나 그중 대표적인 것은 사각으로 된 방패연이다. 그리고 어린이들은 꼬리를

다는 가오리연을 널리 애용하여 왔으며, 세계적으로는 다양한 형태의 연이 있다고 한다.

　우리는 요트와 배가 잘 정돈되어 정박해 있고, 화단이 아름다운 옹풀뢰 시내를 거쳐 해변에 있는 한 공원에 주차하고 바닷가를 향하여 갔다. 가는 길에 걸쳐 있는 공원은 여기저기 이름과 생애, 업적이 정성스럽게 새겨진 동상과 아름다운 꽃과 나무들이 잘 조성되어 있는 것으로 보아 꽤나 유서 깊고 이름 있는 공원인 듯했다. 해변에 서니 탁 트인 푸른 바다엔 큰 물결 밀려오고, 끝없는 모래사장은 고운 여인의 가슴결인 양, 만 리 길 오시느라 수고했다며 푸른 강물 흰 물새들도 소리 내어 우리를 반기었다.

　우리는 사위가 준비해 둔 연을 들고 바닷가 모래사장으로 나아갔다. 연은 박쥐의 날개 같고 V자를 거꾸로 세운 모습이었다. 머리와 양 날갯죽지엔 청색이 물들여지고, 실크(silk) 옷을 입혀 마치 어느 열대어가 푸른 바다를 헤엄쳐 나는 것과도 같은 위상이었다. 일정한 거리의 연줄을 양쪽 날개에 매달아 양손으로 하늘에 날린다고 한다. 먼저 사위가 정성스럽게 시범을 보이며 자세히 설명했다. 연줄을 조정하며 하늘에 연을 날린다. 바람의 방향과 강도에 따라 두 줄의 연줄을 양손으로 잘 조정하며, 자유로이 재주를 부리기도 하며 하늘에 고정하기도 했다.

 이제는 내 차례다. 마음이 설렌다. 사위가 올려주는 연을 양손으로 당기니 연은 조금 오르다가 힘없이 바닥에 떨어진다. 다시 올려주는 연이 조금 오르다가 뱅그르르 뒹굴며 땅에 떨어진다. 이렇게 반복을 거듭하지만, 하늘로 치솟던 연은 세찬 바람의 강도를 이기지 못하고 그만 곤두박질치고 말았다. 나는 당황스러웠다. 아니, 그래도 내가 어릴 때에는 또래 아이들은 물론 웬만한 어른들에게도 연싸움에 지는 일은 적었었기에 나는 가끔 내심 목에다 힘을 주기도 하였는데, 오늘은 이게 뭐야! 이거 영 체면이 말이 아니었다.

 에라, 옛날 우리 방식대로 한 번 띄워보자. 나는 살며시 마음에 새로운 결정을 하고는 다시 올려주는 연을 뒷걸음치며 연줄을 당겼다. 연이 조금 더 높이 올랐다. 그러면 그렇지! 우리 방식이 더 효과가 있는 거야! 그런데 세찬 바람은 내가 안도 할 겨를도 없이 연을 공중에서 뱅뱅 돌리더니 머리를 그만 바닥에 처박고 말았다. 이번에는 기어코 성공하리라며 줄달음을 반복해 보았건만 여전히 실패였다. 아내와 아이들은 박장대소하며 웃어댔다. 이러다가는 남 노르망디 해변까지 뒷걸음질 치고야 말겠어요! 아내가 말했다. 아마에는 식은땀이 흐르고 있었다.

 아니다! 이것은 아니다! 아마도 우리와는 다른 점이 있을 거야. 로마에 가면 로마의 법을 따르라고 하지 않았던가. 더 이상 실패하지 말고 이제라도 다시 프랑스의 방식대로 해보자. 나는 연에게 다소 미안한 미소를 지으며 다시 마음을 가다듬었다. 이미 여러 차례의 실패로 옛날의 영광을 회복할 수는 없어도 안정적 연날리기만으로라도 구겨진 체면의 손상을 조금이나마 회복해보자. 사위는 다시 연을 올렸다. 이번에는 제자리에서 양손을 이용하는데 정신을 집중하였다. 바람의 강도와 방향에 따라 연줄을 당기고 풀어주니, 이제 연은 좌우로 흔들리다가도 제자리를 잡았다. 하늘에 높이 떠 고정되기도 하면서 연줄을 잡은 손은 감각을 느끼기 시작했다. 아직 미흡하지만 그래도 이제는 남모르는 자신감이 서서히 붙기 시작했다.

 아하, 그렇다! 이것이로구나! 성공적인 연날리기를 위하여서는 연의 특성을 잘 따라주어야 한다는 것을. 그런데, 우리나라의 연은 전제의 무게중심을 하나의 연줄에 의지하되 길이의 정함이 없는 연줄을 사용하고, 프랑스의 연은 전체의 무게중심을 양 날개에 분산하여 길이가 고정된 두 줄의 연줄을 사용한다. 이 모두는 바람의 강도와 방향을 잘 조정하고, 연을 날리는 사람의 손과 몸 전체의 감각이 적시에 잘 이루어지도록 하여 연의 자유로운 활동을 지원해 주어야 자기가 바라는 만큼의 연날리기를 할 수 있다 하겠다.

그렇다면 연날리기는 왜 나라에 따라 이렇게 다른 특성이 형성되었을까? 아마도 우리나라는 한 사람의 호주를 중심으로 온 가족이 하나 되는 가정이었기에 길이의 정함이 없는 한 줄로 원근을 마음껏 조정하고, 프랑스의 부부는 각자를 한 인격체로 서로 존중하는 하나의 가정이었기에 사용하는 길이가 고정된 두 줄로 활용하는, 그 나라의 전래적 사회 기풍이 연줄 운용의 방법에까지 영향을 미치고, 이들 나라의 발전과 가정의 행복을 도모하는데도 영향을 미치게 되는 것은 아닐까 생각해 보았다.

이제는, 푸른 하늘 두둥실 우리 가족 사랑의 웃음꽃 한 아름 연줄에 싣고 있는 연, 이억 만 리또 내 어릴 적 고향 하늘로 유유히 달려만 간다.

인생은 과연 한낱 허망한 꿈이런가

우리는 누구나 행복하게 오래 살기를 희망한다. 그리하여 온 가족의 건강과 행복을 꿈에도 그리며 자자손손 보란 듯이 잘 살아보고자 돈의 우상 앞에 무릎을 꿇기도 하며, 온몸을 피땀으로 절이기도 한다. 또한 천하제일 명산, 명의, 명약을 찾아 불로장수를 꿈꾸며, 각종 기호와 운동에도 악착같이 열중하고, 왼손에는 떨리는 돈다발 들고 세상의 쥐꼬리만한 명예와 권력이라도 얻어 눈먼 세상 왕이 되겠다고 모퉁이 길 기웃거리며, 자기만의 천년만년 행복을 누리고자 하루가 바쁘다.

그러나 그 아름답던 꽃들도, 무르익던 신록도 계절의 끝에 서면 시들은 낙엽이 되고 나목裸木이 되며, 세상 어느 동물도, 새와 곤충들도 어느 순간엔가 수명을 다하고, 세상 모든 사람들 또한 빈부귀천 구분 없이 한 세상 한 백 년

나그네로 눈 감으며, 천년의 무쇠와 바위도, 생물과 무생물도 끝내는 흐르는 세월의 풍화에 녹슬어 그 수명을 다하고야 만다. 푸른 하늘 하얀 뭉게구름도, 산골짜기 선녀의 운무도, 대 자연의 생명수 이슬방울도 햇볕 한 자락에 시들며, 대 폭발의 화산과 무소불위의 태풍과 폭우 등 대 재난도 결국은 시들어 잠들고야 만다. 우리의 인생 또한 잠시 잠깐 보이다가 없어지는 안개가 되고, 특히 세상 일반은 우리를 원숭이 돌연변이의 한 종種일 뿐이고 같은 세상 같은 운명일 뿐이라며, 이 세상 모든 자연은 생성, 소멸, 순환을 반복할 뿐이라고 주장하고 있다.

영국의 유발 하라리(Yuval Noah Harari)는 박사이며 역사학자이다. 그는 '호모 사피엔스(Homo Sapiens)'와 '호모 데우스(Homo Deus)'라는 〈미래의 역사〉의 저자로 그에 의하면 "지금까지 인간의 역사는 '인지認知혁명' '농업혁명' '과학혁명'의 틀로 집단화를 믿는 독특한 능력을 지닌 덕분에 이 행성을 정복할 수 있었다. 그러나 이러한 삶의 신화들을 21세기 과학문화의 신기술은 더 이상 형이상학적 신비로 간주하지 않으며, 오히려 미래 과학의 신기술은 인간의 죽음을 신체의 기술적 결함인 이상異常 현상으로 보며, 나노 기술(nano-technology) 등 신기술에 의해 인류 역사의 새로운 과정이 시작될 세계가 어떤 모습일지 머지않아(2100년, 2200년) 그 예측을 시도하고 있다"며, 언젠가 그 시도된 계획이 완성된다면 우리는 대략 10년마다 한 번씩 병원으로 달려가 '개조 시술改造 施術'을 받고 영원한 삶을 누리게 될 거라는 즉 '인간이 곧 신神'인 '호모 데우스'가 될 수 있으리라고 예상한다.

그는 또한 위 저서에서 생명공학자들은 오래된 사피엔스의 몸을 유전암호와 뇌의 회로, 생화학 물질의 균형 등을 바꾸고 각 신체 부분까지 자라게 하여 초 인류를 탄생케 할 수 있으며, 나아가 유기체를 비유기적 장치로 바꾸어 신체의 손상된 부분만을 고칠 수도 있으며, 더 나아가 뇌 이식도 필요 없이 '마음을 읽는' 전기 헬멧을 쓰고 사전에 프로글래밍(programming)된 신호를 상상하기만 하면 원하는 데로 작동할 수 있게 됨으로써 지구라는 작은 행성에서 벗어나 가장 강력한 세균도 살 수 없는 외계 행성에서 유기체보다 훨씬 자유로이 살 수 있으며, 미래의 은하제국銀河帝國을 탄생시킬 씨앗의 뿌리가 될지도 모른다고 한다.

또한 우리나라의 우수한 모모 양자量子물리학자들의 강론에 의하면 이 세상의 모든 물체는 가장 미세한 원자原子〔지름이 10^{-10}m(1백억 분의 1 미터) 정도로 매우 작아서 눈에 보이지 않는다〕로 구성되어 있으며, 이에 따른 어떤 종種의 생물이든 그 구성 원자의 해체는 죽음을 뜻한다. 따라서 이 세상 모든 동물과 식물의 생명은 같은 운명이며, 인간의 죽음만이 예외적 우월성이 적용될 수는 없다고 한다. 또한 양자의 열역학 제2 법칙의 엔트로피(entropy)와 생명과의 관계를 실험 함에 있어 우주 전체를 하나의 실험체(박스)로 하여 외부와 완전히 분리할 수 있다면 우주 전체의 엔트로피는 언제나 증가增加만 하나 또 하나의 다른 외부의 실험체(박스)를 완전히 분리된 상태로 엔트로피가 소통 되어질 수는 없다고 한다. 따라서 물리학자들은 지구의 표면을 제외하고는 모든 생명체는 모두가 죽음의 상태로 가게 될 거라고 하며, 생물학자들 또한 모든 생명은 잠시 태어났다가 결국은 죽음의 상태로 가게 될 거라고 주장하고 있다.

따라서 위를 종합하면 각 종種의 생명이란 하나의 물질작

용일 뿐이고, 영원한 영혼이라는 것은 긍정할 수 없다며 그들의 그 어떤 본질적 실체나 "영혼"의 실체를 긍정하려 하지 않는다. 그래서 사람들은 이 세상의 그 어떤 영원한 생명의 실체는 아무것도 없다며 결국은 다 죽는다고들 말하고 있다.

그러나 저는 이 분야에는 기초전문지식도 없는 전혀 문외한이지만 꼬리를 물고 이는 의문의 소견으로, 그렇다면 지금의 우주는 물질세계로만 구성되며, 지금의 우주 안에 있는 생명체의 의식과 마음과 영혼을 간섭할 외부의 실체는 확실히 전무全無 하다는 확증과 이 세상의 "영원"을 간섭할 실체와 물질세계와 구분된 정신세계 즉"영원"의 실체를 새롭게 규명할 노력과 여지餘地의 공간은 아예 없다는 말인가?

그리고 현재까지 세계의 최첨단 과학 능력으로도 규명하지 못하고 있는 빅뱅(big bang)의 발생원인 및 빅뱅 이전의 어떤 상황 존재의 여부, 지구상 최초 생명체의 존재 여부 및 종種의 구분, 외계 생명체의 존재 여부, 원자原子가 모든 물질구성 요인이 된 원인, 물질과 영혼과의 연계성, 물질계를 간섭할지도 모르고 있을 외계 영혼靈魂의 존재 여부 등등 그동안 쌓인 수많은 의문의 난제들과 미래에 추가로 발생이 예상되는 과학, 수학, 생물학 등등의 미래 관련 수많은 의문의 난제들을 그냥 묻어둔 채 현재의 물질에만 구성되는 원자를 대상으로 모든 생명체와 외계 영혼의 종말까지 단정하기에는 과연 미래를 향한 성급한 단정 이거나 결함을 내포하게 될 결정이 되는 것은 아닐는지?

또한 영원성의 존재란 수학數學에서 수數의 존재가 마치 0을 중심으로 음陰(-)수數와 양陽(+)수數가 양陽의 세계와 음陰의 세계를 무한대로 양 날개로 펼쳐 나가고 또 다른 허수(iimaginary number 虛數)의 세계가 하늘에 흰 구름을 펴듯, 전 우주에는 양의 세계 외에도 또 다른 음의 세계, 허수의 세계 등등 현재까지 밝혀지지 않은 수많은 과학의 세계가 무한히 내장되어 있거나 외장 되어 있지는 않은지, 미래에도 새로운 발견은 없다고 그 누가 단언할 수 있겠는가? 우리가 현재를 기점으로 예측하는 시야는 한계限界를 면하지 못하나, 숨겨진 미래의 시야는 무변 광대하여 그 안에 내장

되거나 새롭게 합성, 창조 되어질 과학과 수리數理의 차원은 가히 무량대수無量大數로 쌓여 있지는 않을까. 따라서 인간 속에 깃드는 영혼의 존재는 지금의 물질현상과는 또 다른 영원성이 인간을 간섭하고 있음이 그 본질이 되지는 않을까?

호주의 대뇌 생리학자이며 노벨 생리학·의학상 수상자 에클즈(Sir John Carew Eccles)는 '마음은 물질세계 밖에 있다'고 하였다 한다. 다른 여러 대뇌생리학자들도 "마음을 작동시키는 힘"은 물리적 현상과는 "별개의 힘"이라고 하였다 한다. 유발 하라리(Yuval Noah Harari)는 마음은 고통, 쾌락, 분노, 사랑 같은 주관적 흐름으로 잠시 깜박였다 금방 사라지며, 마음의 흐름을 구성하는 의식적 경험은 바로 감각과 욕망을 갈구하는 의식적 존재로 잘못을 저지르면 범죄인이 되지만 로봇과 컴퓨터는 수많은 능력을 갖추었으나 아무것도 갈구하지 않기 때문에 배터리가 다 소진될 때까지 일을 시켜도 비난을 받지 않으며, 오늘날 마음과 의식에 대한 정설은 뇌에서 일어나는 생화학적 반응과 전류가 어떻게 고통이나 분노, 또는 사랑 같은 주관적 경험을 만들어 내는지는 아무도 모른다고 하였으며, 영혼靈魂은 불멸하나 인정認定과 불인정不認定이 양분되고 있는 하나의 설說이라고 한다.

  그렇다면 정말 세상에 영원한 것은 없다는 말인가. 먼저 물질계의 자연 현상을 살펴보면 흙, 물, 불, 바람, 공기와 빛 등 이들은 대자연의 본질이 되어 수없는 생명체를 생성, 소멸, 순환케 하는 원천源泉으로 영원을 향하여 행진하고 있지 않는가. 정신계에서도 그 현상을 살펴보면 물질로 구성된 하나의 물체가 다른 물체와 서로 사랑을 하고, 동작을 명령하며, 다른 물질의 실체를 작동시키기는 등 외부의 어떤 실체가 어떻게 형체가 다른 실체를 간섭할 수 있다는 건가. 이때의 명령자와 수명자는 또 다른 실체 이듯 영혼 이라는 명령자와 육체라는 수명자의 관계 또한 전자와 같은 간섭의 관계로 비견하면, 눈으로 보이는 현세의 우주와 눈으로 볼 수 없는 외계의 우주와의 관계 또한 같은 방법으로 비견할 수는 없단 말인가.

  "육체는 영혼의 집이다"는 말이 있다. 물질은 영혼의 명령에 따라 작동될 뿐이다. 만약 인간이 유전 법칙에 의한 원숭이의 돌연변이라면 지난 수천 년 세월 동안에 왜 한 마리의 원숭이도 새로이 사람으로 변하였다는 소식이 없단 말인가. 단 1회 적으로 돌연변이가 존재하였다면 당시 단절된 세계의 교통수단 상태로 보아 어떻게 각기 다른 대륙에서도 동시대적 인간의 출현出現이 가능했다 할 수 있단 말인가. 은어는 은어이고 피라미는 피라미일 뿐이다. 따라서 육체의 지배자는 그의 영혼이고, 그 영혼의 본질적 원천은 영계靈界의 주재자主宰者가 되지 않겠는가. 따라서 영혼은 영원하다고 할 것이다. 이는 수학에서 마치 공리公理와 같이 우리의 기본적 긍정 사항이 될 수는 없을까. 러시아의 대문호 톨스토이도 '인간의 죽음은 하나의 터널을 지나는 과정이다'라고 말하였으며, 이 세상의 진리이신 대성인들께서도 우리 인생의 무거운 고통의 짐을 스스로 대신 짊어지시고 영생과 행복을 안기려 천국과 극락을 향한 구도求道를 몸소 실천하시었다. 지금까지 과학 문명의 발달과 시대적 환경의 변화에 따라 과거 일부의 난제 들이 이미 해결되거나 변이(variation 變異) 되어 왔듯이 앞으로도 더욱 미래에 대한 뜨거운 가슴을 열고 진지한 연구를 진행하는 열정이야말로 우리의 진정한 미래를 높이 밝힐 빛나는 횃불이 되지 않을까.

그렇다, 우리의 생명은 영원하다. 우리의 영혼은 영원하다. 다만, 그 영혼의 영원성에 대한 확정적 과학 규명이 미흡한 것은 현시점의 과학 용량이 사실 적용에 대한 한계성을 내포하고 있기 때문이 아닐까. 비록 오늘은 세상의 짐이 무겁고 고통스러울지라도 우리에게는 영원한 생명의 원천源泉이 있다. '현재 우리가 잠시 받는 환난의 고통은 미래에 우리에게 이루어질 지극히 크고 영원한 영광에 비하면 가벼운 것이니, 보이는 것은 잠깐이요 보이지 않는 것은 영원함이라'라고 성서는 말하고 있다. 그렇다 우리의 영원한 삶을 꿈꾸는 일을 어찌 허망하다 하리오. 어찌 영원한 생명을 소원하며, 영원히 함께하는 사랑의 근원을 향하여 몸과 마음과 진리를 다하는 세상을 꿈꾸는 인생이 어찌 한낱 허망한 꿈이런가.

뮌헨에서 잘츠부르크까지

오늘은 2010년 7월 10일 토요일 맑음

아침부터 아내와 딸 소진이 내외는 부산하다. 며칠 간의 여행을 위한 준비물을 챙기기 위함 때문인 것 같다. 소진이 내외가 우리를 위해 마련한 여행이다. 독일의 뮌헨(München)과 오스트리아의 잘츠부르크(Salzburg)이다.

하늘이 참 푸르다. 우리는 여행 가방을 들쳐 메고 사위의 안내에 따라 드골 공항(Charles de Gaulle Airport)에 도착하였다. 딸 소진이와 사위가 근무하는 곳에서 함께 여행을 떠나게 되니 새로운 감회가 인다. 간단한 수속을 마치고 오전 10시 뮌헨행 비행기에 탑승하였다. 2시간여 동안 비행 도중 기내에서는 새로운 여행지에 대한 기대감과 맛있는 기내 음식이 즐거움을 더하였다. 도착한 뮌헨 공항은 화장실 등 시설물이 깨끗하고 안내 표지가 상세하여 가는 길을 찾기가 쉬웠다.

우리는 여행에 사용할 승용차 한 대를 빌리기 위해 공항에 있는 대여(rent) 회사에 들렸다. 회사에는 세계 각국의 대기 차량 들이 즐비하게 늘어서 있었다. 계약된 차량을 찾으러 가다 보니 그 수많은 차량 중에 우리나라의 현대차 'H' 마크가 눈에 번쩍였다. 그것도 한 대가 아니라 여러 대의 차량이었다. 기아차도 가끔 보였다. 나와 아내는 갑자기 밝은 낯으로 서로 마주 보며 눈빛이 빛났다. 가슴은 뜨거워지고 어깨가 올라가며 두 주먹은 불끈 힘주어 쥐어졌다. '그래, 이거야, 됐어! 우리도 이제 해내고 있는 거야!'라고. 나는 가만히 가슴속 깊이 소리치며 아내의 손을 힘차게 잡아보았다. 계약된 차량을 인수받고 보니 더욱이 현대 쏘나타 차였다. 인수받은 차량은 예쁘기도 하였지만 우리나라의 차를 만나게 되어 어찌나 반가운지 고운 손주 아이 얼굴이라도 매만지듯 자꾸만 쓰다듬어 보았다. 고향의 오랜 친구를 만난 듯 하였다. 그렇다고 하여 사실 내가 현대자동차 회사와 털끝만 한 관련이라도 있거나 어떠한 조그마한 다른 저의라도 있어서 그리하는 것은 아니다.

가슴을 쭉 펴고 우리의 차량으로 달리는 뮌헨 거리는 가는 길마다 시원스럽고 건물들 또한 예뻐 보였다. 25㎞ 정도를 달리니 오후 1시쯤 예약한 호텔에 도착하게 되어 여장을 풀고 점심식사를 하기 위하여 밖으로 나갔다. 사위의 친구가 소개하였다는 500년 전통의 "뮌헨 라인헤이츠 게보트"라는 독일 맥주 점이 있었다. 1487년부터 시작했다는 이 주점은 수백 명이 앉을 수 있는 정원으로 키 큰 나무들이 푸른 잎새 드리운 하나의 시원한 광장이었다. 단정한 가운을 입은 종업원이 친절한 설명을 곁들이며 안내한다. 이 집에서 만든 전통의 맥주와 식사용 빵을 내왔다. 빵은 좀 짠 듯하였으나 맥주와 곁들이니 맛이 괜찮았다. 맥주는 담담하면서도 더위에 땀 흘리던 갈증을 일시에 가시게 하였다. 평

 소 술에 대하여는 잘 모르는 터이지만 7월 한더위에 먹어보는 이곳의 맥주는 입에 달라붙었다. 우리의 맥주는 입에 쓰고 때로는 찬 맥주에 설사가 되어 아예 먹기를 거부하여 왔던 터였는데 이곳의 맥주는 쓰지도 달지도 않으면서 구수한 맛으로 입안을 감싼다.

 원래 독일은 석회암 지대로 지하수를 그냥 마실 수가 없어 물 대신 맥주를 만들어 마시게 되었다고 한다. 16세 이상이 되어야 마실 수가 있으며 국민 1인당 년간 소비량은 350㎖짜리 430캔 정도이고 뮌헨 시민 1인당은 657캔 정도가 된다고 한다. 그래서 그 옛날 우리나라에서는 장맛과 바느질 솜씨가 신부의 조건이었듯이 기원전 1세기경 이곳에

서는 맥주를 얼마나 잘 만드느냐가 신부의 제1조건 이었다고 한다. 1516년 빌헬름 4세는 건강을 지키기 위하여 맥주를 만들 때는 어떠한 독초나 방부제도 사용할 수 없도록 했다 한다. 그리하여 뽕나무과의 덩굴성 식물인 홉(Hop)과 물, 맥아, 효모만으로 만들도록 "맥주 순수령"을 발령하고 이를 엄격히 지켜 옴으로서 독일은 세계 제1의 맥주 대표국가가 되었다고 한다. 우리나라에서는 발효 타입의 라거 맥주인 필스너(Pilsner)를 많이 마시고, 뮌헨에서는 일반적으로 헤레스(Helles)를 많이 마시는데 밀이 첨가된 희고 탁한 빛깔의 바이젠(Weizen)도 좋아한다고 한다.

우리는 점심을 마친 후 시내구경을 하기 위해 전철을 탔
다. 시내 중심쯤에 이르러 푸른 숲에 싸인 건물들과 고풍
어린 교회들이 보이는 곳에서 내렸다. 저 너머 건물들 위
로 우뚝 솟은 쌍둥이 종탑이 예뻐 보이기에 그곳으로 발길
을 옮겼다. 가는 길가에는 잘 정돈된 야외시장이 열려 있었
다. 각가지 울긋불긋한 과일이며 야채와 수산물, 줄에 걸
린 발효된 돼지다리, 액세서리 그리고 마늘, 양파, 말린 붉
은고추 등이 풍성하게 진열되어 있었다. 마치 우리의 재래시
장을 보는 듯했다. 우리는 여기서 이곳의 정취를 느끼기 겸
더위를 씻으려 과일을 직접 갈아 만든 주스를 한 컵씩 사

먹었다. 알고 보니 이곳은 빅투알리언 마르크트(Viktualien markt)라는 시장으로 뮌헨 시민은 물론 여행자들에게도 인기가 높은 곳이란다.

다시 좁은 길을 따라 북쪽으로 조금 더 올라가니 많은 성당 들이 성城을 쌓듯 하나의 시가市街를 이루는 곳에 다달았다. 이곳이 바로 뮌헨의 중심거리인 마리엔 광장(Marienplatz)이라고 한다. 광장 한가운데에는 뮌헨의 수호신으로 불리는 마리아의 탑(Marien saule)이 높이 솟아있고, 앞에는 뮌헨과 마리엔 광장을 대표하는 고풍 어린 신 시청사가 있다. 높이 85m의 신 고딕양식의 청사가 우람하게 서 있다. 외벽은 아름다운 꽃들로 장식되어 있고, 지붕 꼭대기에 놓여진 동상들과 벽면 곳곳에는 인간의 다양한 모습이 조각되어 있어 아름다움과 문화적 가치를 더하였다. 건물 중앙 종루에는 독일 최대의 특수장치 인형 시계인 글로겐슈필(Glockenspiel)이 있다. 이 인형 시계는 성聖금요일과 성인 축제일을 제외하고는 매일 인형공연을 하고 있는데 오전 11시에, 5월부터 10월까지는 12시와 오후 5시에도 작동한다고 한다.

지금 시각은 오후 5시가 되어서인지 많은 사람들이 이 마리엔 광장으로 몰려들고 있다. 인형은 사람 크기만 하며 2단으로 나누어 10분간 공연을 한다. 위쪽의 인형은 15세기 빌헬름 5세의 결혼식 중 기마전을 벌리는 장면이고, 아래쪽 인형은 1517년 유럽에 페스트(pest)가 만연해 외출이 금지되었을 당시 페스트가 없어졌음을 알리고 이 소식을 들은 사람들이 기뻐 춤추는 신나는 카니발 댄스를 표현한 것이라 한다. 실감 나는 묘사로 관광객의 시선을 모으기도 하지만 시간에 맞추어 공연을 보는 것이 축복이라 하여 이렇듯 많은 사람들이 모인다고 한다. 인간은 어느 나라, 어떤 사람의 구분이 없이 절대자의 축복은 많이 받고싶은가 보다.

광장에는 우리나라 포장마차와 비슷한 차일遮日의 노천카페가 있어 많은 사람들이 맥주를 즐기고 있었다. 이곳에서 새어 나는 고기 냄새는 근동 일대에 퍼져 나에게도 군침을 솟아 올리고 있었다.

시청사 뒤쪽으로 가니 드디어 주름 접은 양파 모양의 쌍둥이 종탑이 있는 프라우엔 교회(Frauenkirche)가 눈앞에 우뚝 서 있다. 이 교회는 1488년 고딕양식으로 건축된 뮌헨의 상징물로 기념엽서에도 단골손님으로 모신다고 한다. 이스라엘의 '바위 돔' 교회를 본 따 만들었다 하는데 탑의 높이가 북 탑은 99m 남 탑은 100m에 이르며 남 탑의 전망대에 오르면 뮌헨 시내를 한눈에 볼 수 있다고 한다. 내부에 들어서니 입구에는 마귀 발자국이 남아 있다는 기적의 표지가 있고 그 자리엔 기둥이 있는 쇠 덮개가 세워져 있었다. 마침 오후 미사가 진행 중이었다. 경건함에 엄숙했다. 나도 잠시 눈을 감아 하나님께 기도했다. '우리를 이 땅에 인간의 생명으로 태어나게 하시고 이곳까지 인도하여 주신 하나님! 소진이 내외와 함께하는 우리 가족 여행을 허락하신 하나님! 우리에게 세계의 문화를 느끼게 하시고 기쁨을 주시는 하나님! 감사합니다. 이 큰 사랑을 베푸신 하나님! 홀로 영광 받으시고, 하나님의 나라가 이 땅엔 평화로, 우리에겐 평강으로 영원토록 함께 하시옵소서!' 이 교회는 독일 카톨릭 정통교회로 엄격한 규율과 교리로 명성이 높다고 한다. 교황님 베네딕토 16세께서도 이곳의 대주교를 지내시고 추기경에 이른 후 교황으로 선출되었다고 하며 교회 안에는 비텔스 바하 가문의 무덤이 있다고 한다.

　이제 푸라우엔 교회를 나와 골목길을 걸으니 길 양편에는 기념품점, 화려한 옷가게 등이 눈길을 끌었고 노천카페와 레스토랑에서는 그윽한 커피 향이 흘러나와 발걸음을

멈추게 한다. 길 끝부분에 이르니 독일의 명품 쌍둥이 칼 점이 있기에 들렀다. 예전에 어떤 지인이 독일 여행길에 사 왔다는 칼 선물을 받은 일이 있는데 바로 이곳에서 산 것은 아닐까 하는 생각이 들었다. 요즈음 TV 연속극에서 보듯 '김수로' '철의 제왕'께서 세우신 '가야국'이 계속 발전하였더 라면 '우리도 아마 이보다 더 좋은 철 제품을 만들었을지도 모를 일이다'라는 생각이 문득 아쉬움으로 가슴 젖어 왔다.

상점 앞으로는 큰 교차로가 마주하여 수많은 사람 들 이 길을 메우고 있다. 맥도날드와 수많은 호텔들이 거리를 화려한 모습으로 장식하고 있는데 이곳이 바로 남부 독일

최대의 기차역이라고 한다. 하루에도 국내선 국제선 모두 3000여 편의 열차가 출발과 도착을 반복한다고 한다. 이미 지나온 마리엔 광장 입구로부터 이곳 칼스(Karls) 문까지를 '노이하우저 거리(Neuhauser Strasse)'라는 '보행자 거리'로 하여 관광의 거리로 하고 있다.

부근에는 시원한 분수대가 있는 칼스 광장(Karlsplatz) 또한 아름다운 관광명소로 되어 있다. 칼스 광장 부근에는 독일 법원과 옛 궁전 등이 고딕양식으로 웅장한 모습을 자랑하고 있다. 그 위용에 약간의 압도감이 없지 않았지만 우리도 이제는 멀지 않은 날 이와 어깨를 겨루어 볼 수 있으리라는 기대감이 어느새 가슴을 메우고 있었다.

또한 칼스 광장 부근에는 오데온 광장(Odeons Platz)이 있는데 여기에는 펠트헤른 할레(Feldhernhalle)라는 독일 용장 기념관이 있다. 이는 1923년 뮌헨 봉기때 히틀러가 이곳을 행진하다 경찰의 발포로 죽을뻔 했는데 그가 나치당 집권 이 후 그때 죽은 동지들을 기억하며 찾아와 항상 헌화 하였다 한다. 그리고 이 광장에는 로마의 바로크 양식 교회를 원형으로 하여 만든 테아티너 교회(Theatinerkirche)가 있다. 선제후 페드리난트가 오랫동안 기다리던 후계자를 얻게 된 기념으로 짓게 되었다고 하는데 황금색으로 아름답다.

오데온 광장 앞길을 건너면 바이에른 국왕이 살았다는 레지덴츠(Residenz)가 있는데 국립오페라 극장에서 호프가르덴까지 건물이 이어져 있다. 현재는 박물관, 극장 등으로 사용하고 있으며 그 호화스러움이 빼어나 바이에른 왕족의 호화스러웠던 삶을 엿볼 수 있다. 건물 앞에는 사자상이 있는데 이곳의 방패를 만지면 소원하는 바가 이루어진다는 이야기가 전해지고 있다.

 저녁이 되어 우리는 이제 이 화려한 번화가의 야경을 바라보며 세계 제일 독일맥주의 전통을 자랑한다는 호프브로이하우스(Hofbräu haus)를 찾았다. 이곳은 중앙역에서 신 시청사로 가는 부근 골목에 위치하고 있다. 3층으로 된 중세 건축양식의 건물로 외벽 현관이 반원형 지붕에 돌기둥으로 된 운치가 있는 건물이다. 일시에 2000여 명이 들어갈 수 있으며 1일 3600여 명이 맥주를 마시고 있고 1일 1만 리터가 넘는 맥주를 판매하고 있다고 한다. 원래는 바바리아 왕국 시절부터 '궁정 맥주 양조장'으로 되어 있었으나 지금은 비어

홀로 사용하고 있다. 1589년 빌헬름 5세가 만들었다고 하니 420여 년의 역사와 전통이 빛나는 장소이기도 하다. 남녀노소 구분 없이 자리를 같이하며, 하루 일과에 지친 이들이 즐거움을 찾으려는 듯 서로를 웃음으로 대하며 맥주를 마시고 있다. 홀 중앙에는 음악을 연주하는 무대가 있어 악단은 손님들과 더불어 한층 취흥에 열기를 더하여 주고 있다. 우리도 이 집의 맥주와 안주를 주문했다. 사위는 알코올이 들어 있는 맥주를 나와 아내 그리고 소진이는 알코올이 없는 맥주를 각각 한 글라스씩 시켰다. 호프브로이 하우스의 약자

인 'HB'가 새겨진 맥주 글라스는 한 손으로 들기는 힘이 들 정도의 큰 컵이다. 맥주가 입에 닿는 순간 담백하면서도 구수한 맛이 혀끝을 사로잡았다. 은은한 향은 코끝을 휘감았다. 이곳을 사로잡는 음악과 뜨거운 열기 또한 우리의 마음을 젊음의 도가니 속으로 몰아넣었다.

 소리쳐 노래를 부르면서도 질서가 있고 음악이 있는 맥주의 향연, 그야말로 감칠맛 나는 젊음의 향연이 흘러넘치고 있는 것이다. 그러면서도 우리나라의 주점이나 음식점에서 술

에 취한 이들로부터 흔히 볼 수 있는 싸움질이나 주위를 아랑곳하지 않고 질러대는 고함소리, 고성방가 같은 것은 찾아볼 수가 없었다. 이것은 남에게 불편을 주지 않으면서도 자기의 즐거움을 찾아가는 선진문화의 꽃이 아닐까 생각하였다.

 9월이 오면 독일 전체가 술기운으로 출렁인다고 한다. 그래서 전국 곳곳에서는 맥주 축제를 열고 '옥토버페스트(Oktoberfest)'라는 흥겨운 파티에 빠진다고 한다. 이 축제는 1810년 테레제(Therese) 공주와 루트비히 1세가 결혼할 때 하객들에게 경마 등의 볼거리를 제공하면서부터 유행했다고 하는데 10월 첫째 일요일 15일 전부터 15일 동안 축제가 열리게 된다고 한다. 이때는 뮌헨시 전체가 하나의 거대한 비어홀로 변모하고야 만다고 한다. 이 기간 동안 세계로부터 찾아오는 방문객은 700여만 명 이상이 되며 수익금 또한 2천여억 원에 이른다고 한다.

 뮌헨은 독일 남부 바이에른주州의 주도州都로써 약 127만여 인구가 살고 있는 이 도시로 베를린, 함부르크에 이어 독일의 3대 도시라 한다. 도나우강의 지류인 이자르강 연안 해발 고도 520m에 위치하고 있으며 바이에른 알프스 산지 가까이 이자르강에 면面하여 있다. 1157년 바이에른 공작이던 하인리이 사자 공이 수도사들에게 잘츠부르크로부터 이자르강에 이르기까지 시장개설의 권리를 부여하게 되자 건설된 시장 주위로 성을 쌓게 되어 이루어진 도시라 한다. 그래서 원래는 '작은 수도사修道士'라는 뜻으로 건설된 수도원이었다고 하는데 1180년 바이에른 공국公國을 계승한 비텔스 바흐 가문에서 1255년 뮌헨을 도읍으로 삼았다고 한다. 14세기 초 이 가문 출신으로는 최초 신성로마제국의 황제가 된 루트비히 4세가 규모를 크게 확장하였고, 1506년에는 바이에른 공국의 수도였으며, 1825~1848년 재위에 있었던 바이에른 국왕 루트비히 1세가 오늘날의 뮌헨을 기획하고 탄생시켰다 한다.

1634년에는 페스트가 창궐하여 인구의 3분의 1이 사망하기도 한 아픈 기억이 있다 한다. 아돌프 히틀러가 나치당에 가담하여 지도자가 된 곳도 이곳이며, 나치 운동의 본거지가 된 곳이었기에 훗날 '나치 운동의 수도'라고 불리어지기도 한다. 1972년에는 세계 올림픽이 열리게 되어 지하철이 건설되고 국제열차가 발착 되어 더욱 세계 속에 문화 예술의 도시로 이름을 크게 떨치게 되었다고 한다.

뮌헨의 시가지는 잘 가꾸어진 큰길로 탁 트이고, 건물들은 웅장하면서도 단조로웠다. 길거리는 깨끗하고 사람들은 소박하며 친절했다. 가로수와 가로수 사잇길을 간이 주차장으로 활용하고 있는 것은 좁은 거리 공간을 잘 활용하는 수범사례라 할 것이다. 독일은 일찍이 실용의 나라라고 들 일컬어 왔듯이 이번 여행에서 내가 느껴보는 것 또한 한마디로 말하여 실용성이 몸에 밴 나라임에는 틀림이 없는 것 같았다. 우리는 이제 밤 12시가 되어 그 흥분된 독일 맥주의 열기를 안고 숙박지로 돌아왔다. 고요히 방안에 홀로 누우니 그 옛날 학창 시절 나를 가슴 뜨겁게 불태웠던 독일 유학의 꿈이 새삼

방안을 밝히어 온다. 이제는 타버린 한 줌의 재가 되었건만 가슴 휘감아 오르는 불길은 아쉬움에 온 밤을 태웠다.

7월 11일 일요일 맑음
아침 햇살이 창窓을 밝힌다.
오늘은 천재 음악가 모차르트의 고향을 방문하려 하니 어제의 여행 여독도 씻은 듯 상쾌하다. 마음은 벌써 긴 햇살의 선율을 타는 듯하다. 아침 일찍 식사를 마치고 사위가 안내하는 승용차에 우리는 몸을 실었다. 정든 님 홀로 두고 떠나는 이의 심사인 듯 뮌헨의 하늘에 아쉬움 남겨두고 이제는 잘츠부르크를 향하여 달리기 시작했다. 시원스런 고속도로 아우토반(Reichs Autobahn) 위를 달리기 시작했다.
'아우토반'이란 속도제한 없이 달릴 수 있는 자동차 전용 고속도로를 말한다. 도로의 너비는 18.5~20m이고 도로 중앙에는 3.5~5m의 녹지대(중앙분리대)가 있다. 1932년 쾰른과 본 사이를 왕래하는 최초의 아우토반이 완공된 이래 현재까지 총연장 1만 1000km가 건설되어 운행되고 있다고 한다. 도시권역이나 위험지역에는 시속 100 km의 속도제한 지역이라는 표지판이 가끔 보이고 있으나 130km의 권장속

도는 대부분 표시되어있다.

    그러나 아우토반은 편도 2~3차선으로 곧게 뻗어 있어 특별한 사정이 없는한 무제한으로 시원스럽게 달릴 수 있는 길이다. 한참을 달려도 무인단속이니, 이동단속이니, 함정단속이니 하는 단어를 뒷받침하는 카메라 같은 것은 찾아볼 수가 없었다. 그런데 이상한 것은 무제한 속도로 인한 사건 사고의 건수가 거의 미미하다는 것이다. 우리나라의 고속도로는 일반적으로 시속 100km 이하로 속도가 제한되어 있고, 그 많은 단속 카메라와 경찰력이 동원되고 있어도

수많은 사건 사고의 건수가 발생 되고 있다고 하니 말이다.

　우리도 이제 필요 이상으로 운전자의 속박에만 중점을 두어 그 많은 경찰력과 예산 그리고 에너지가 소요되는 현재의 제한 기준을 과연 그대로 두어도 괜찮을 것인지 아니면 과감한 제도개선으로 운전자의 자유로운 참여를 유도하여 우리의 사회, 경제적 발전을 도모함이 옳을 것인지 시급히 형량할 때가 아닌가 생각된다.

　달리는 아우토반 주변에는 푸른 숲 지대가 무한히 펼쳐져 있다. 태고로부터 자란 나무인 듯한 나무들이 빽빽이 들어서 있다. 가도 가도 푸른 숲 지대가 펼쳐지는 이곳에는 키가 20여m 이상이나 되는 큰 나무들이 곧게 뻗어 올라 마치 계획 조림이라도 하여 놓은 듯 울창하다. 이러한 푸른 숲 지대가 있기에 지구촌의 청량한 공기가 담보되는 것이 아닐까 생각하니 푸른 나무들이 고맙고, 이들을 돌보고 있는 나라들이 고마웠다. 이들이야말로 참으로 위대한 인류애의 사랑을 나누고 있다고 생각하니 가슴이 뭉클했다.

　숲 지대 사이사이 나타나는 시골 마을들의 들 밭과 마을 언덕엔 여기저기 소 떼와 양 떼 들이 자유로이 노닐고 있고 마을을 둘러선 나무숲 아래에는 주황색, 파란색, 노란색

 지붕으로 아담하게 단장한 주택들이 옹기종기 모여 흰 구름 흐르는 푸른 하늘에 한 편의 동화를 쓰고 있었다.
 잘츠부르크 행 고속도로를 달리던 도중 인수부르크 갈림길을 조금 지나니 푸른 호수가 하나 나타났다. 사막을 가다가 마치 오아시스를 만나듯 푸른 숲길만 달리다가 시원한 호수를 만나게 되니 가뭄에 단비와도 같이 마음이 탁 트이었다. 잔잔한 호수 위엔 흰 물새 떼가 수선화처럼 피어 있는 줄만 알았더니만 수많은 요트 떼가 돛을 올리고 있었다. 아니 이것은 푸른 바다를 수놓는 하나의 백조의 무리였다.

이제 다시 길을 열어 오스트리아 경계 지점에 이르니 알프스의 만년설萬年雪이 우리를 '반갑다' 마중하여 멀리서부터 눈雪빛 밝히며 서 있었다. 우리의 시선은 갑자기 하얀 산봉우리에 붙어버리고 말았다. 하늘 맞닿은 산봉우리 봉우리 끊임없이 이어져 우람한 산맥으로 우리를 품어 안으며 가는 길 혹시라도 어긋날까 봐 동행하여 달리잔다. 하얀 산빛에 가는 길이 환하다.

  3시간여 동안 아름다운 자연의 터널을 뚫고 달려온 아우토반 위에 이제는 어디선가 맑은 음악 소리 들려오는 듯하다. 드디어 모차르트의 고향 잘츠부르크(Salzburg)에 도착한

것이다. 알프스의 우람한 산맥이 병풍처럼 둘러서 봉우리마다 쌓인 눈 하얗게 빛나고 삼면에 푸른 숲 마을을 품어 안는다. 깎아지른 산언덕 푸른 잎새 맑은 바람에 가지 흔들어 서서 오라고 인사를 한다. 마을에 세워진 주택과 교회, 높은 건물들 하얀 대리석 옷 단정히 차려입고 먼 데서 오신 손님이라며 우리를 정중히 맞이한다.

잘츠부르크(Salzburg)!

이는 빈, 그라츠, 린츠, 인스부르크와 함께 오스트리아의 5대 도시 중의 하나이다. 696년 웜스 루퍼트 주교가 세운 도시로 원래는 소금 광산이 있어 "소금의 성"이었다고도 한다. 수 세기에 걸쳐 바바리아 공작으로부터 라이헨할이 소

금 광산의 소유권을 넘겨받아 "salz(소금)+burk(성)"으로 불리어지게 되었다고 한다. 지금도 전국으로 이곳의 소금이 공급되고 있으며, 저 산 너머 티롤(Tirol)지방의 소금 광산과 더불어 소금 산지로서 유명하다.

또한 이곳은 서부 독일 국경 근처에 위치한 인구 16만의 작은 도시로 로마 시대부터 카톨릭 주교가 통치하여 온 카톨릭 문화의 중심지로서 '북로마'라고도 부른다. 그러나 1756년 1월 27일 함박눈 내리던 날, 이곳에 탄생한 모차르트(Mozart)의 생애 이후로는 "음악의 도시", "음악과 낭만의 도시"라는 수식어가 더 많은 사람들로부터 사랑을 받고 있단다. 이러한 정취를 찾아 한 해에도 수백만 명의 관광객이 이곳을 찾는다 하니 과연 틀림이 없는 말인 듯 하다.

모차르트! 그는 세 살 때 클라비어(Klavier)를 배워 네 살 때 이 소곡(小曲)을 연주하기 시작했다한다. 다섯 살 때에는 이미 소곡을 작곡하였으며 여섯 살에는 바이올린과 오르간을 연주하였고, 또한 7세

때에는 최초의 소나타를 출판하고 8세 때에는 교향곡을 썼으며, 12세에 가극을 쓴 이래 15세까지는 거의 모든 형식의 악곡을 작곡하였다하니 이를 어찌 천재 음악가라 하지 않겠는가. 그의 본명은 요하네스 크리소스무스볼프강스테오필루스(JohannesChrysostomus Wolfgang Theophilus)라는 긴 세례명으로 테오필루스 모차르트라 불렀지만 곧 '신의 종'이라는 뜻으로 독일식 이름인 고틀리프(Gottlief)로 바뀌었고, 이는 다시 이탈이아어로 번역한 아마데우스(Amadeus)로 바뀌어 볼프강 아마데우스라고도 부른다.

우리는 이 천년고도千年古都의 시내 속으로 들어갔다. 하얀 대리석으로 된 건물들이 하나하나 예쁜 고딕양식으로 차려입고 우리의 마음을 사로잡는다. 좁은 골목길을 걸어 깎아지른 절벽을 껴안아 돌아서니 산 중턱 암벽 위에 우뚝 솟은 성城이 보인다. 잘츠부르크를 상징할 만한 호엔잘츠부르크 (Hohensalzburg)성 이란다. 로마의 게브하르트 대주교가 이곳에서는 제일 높은 묀히스베르 언덕에 남독일 제후의 공격을 대비하기 위하여 1077년 짓기 시작해서 1681년에 완공되었다고 한다. 옛 모습을 온전히 보존하고 있는 중부유럽 최대의 성이다. 우리는 10.50유로의 티켓으로 60도의 가파른 경사를 1892년에 만들어졌다는 케이블카와 비슷한 트램카를 타고 성에 올랐다. 성 내부에는 당시에 사용하던 대포가 창밖을 향하여 포문을 열고 있고, 무기와 고문기구 등이 전시된 성채 박물관이 있으며, 모차르트와 하이든이 연주했다는 파이프 오르간은 지금도 음악소리 날리는 듯하다. 관광객들에게 재미있는 인형 놀이로 특별한 체험을 즐기게 하는 인형극의 대가 마리오네트의 박물관이 있으며, 맨 꼭대기 방은 대주교가 안전하게 숨어 생활하던 '황금의 방'이 아직도 금빛으로 그 아름다움을 간직하고 있었다. 성

 안마당에는 멋진 원앙의 한 쌍이 영원을 약속하며 아름다운 결혼식을 올리고 있었는데 이를 인증이라도 하려는 듯 아름드리 고목 한 그루가 그들 앞에 서 푸른 가지 흔들어 하늘에 하얀 구름 꽃을 모으고 있었다.
 이제는 난간, 테라스에 나와 시내를 내려다보니 양어깨에 뻗어난 산줄기 푸른 숲 아래엔 중세의 로마의 로마네스크 양식인 듯 수많은 돔(dome) 들이 솟아 고풍 어린 건물들은 숲속

에 공원을 이루고 있다. 시내를 가로지르며 옥빛으로 흐르는 잘츠흐(Salzach) 강물은 한데 어울려 한 폭의 아름다운 산수화(山水畵)를 그리고 있다. 그래서 영화 '사운드 오브 뮤직'에서는 이곳을 첫 장면으로 하여 시작을 연 것은 아닐까.

  그러나 120m 높이의 이 성벽을 그 누구도 그냥 걸어 오

르기는 힘든 곳이다. 하물며 이 험난한 곳에 난공불낙의 요새, 철옹성(鐵甕城)을 쌓기 위해서 당시 로마제국의 지배자들은 힘없는 하층민들의 얼마나 많은 피와 땀을 필요로 하였을까. 부강한 나라 건설이라는 미명하에 과연 얼마나 많은 사람들의 자유와 생명을 자기들의 무자비한 권력을 위해 하나의 도구로 악용했으며 처참하게 내몰았을까…

성을 내려오니 넓은 광장이 펼쳐있다. 광장에는 17세기 초에 건축되었다는 '황제의 방' 등 180여 개의 호화로운 방으로 구성된 역대 주교들의 궁전이 주위를 둘러싸고 있는데 이것을 레지덴츠(Residenz)라 하였다. 이곳에는 렘브란트, 루벤스 등 16~19세기 회화 약 200여 점이 소장되어있는 갤러리가 있으며,

모차르트가 연주했다는 홀이 아직도 끝나지 않은 그의 명연주를 기다리고 있었다. 광장 중앙에는 1656~61년에 이탈리아 작가가 만들었다는 바로크 양식의 아름다운 분수가 있는데 머리는 말(馬)의 모습, 몸은 물고기 비늘의 형상으로 만들어진 분수가 시원스레 물줄기를 내뿜어 더위를 식히고 있다. '사운드 오브 뮤직'의 여 주인공은 또한 이곳에서 분수처럼 아름다운 노래를 내뿜었다고 하며 이곳에 관광객을 실어

나르는 마차들은 한층 운치를 더하여 주고 있었다.

또한 레지덴츠 맞은편 주청사(州廳舍)에는 모차르트의 곡을 연주하는 아름다운 종, 글로겐슈필(Glockenspiel)이 있는데 35개의 종이 매일 7시, 11시, 18시에 울린다고 한다. 주청사 앞 광장에는 높이 솟아있는 모차르트의 동상이 머리칼 휘날리며 그 옛날 광장에 명 연주소리 드높이던 모습으로 수많은 관광객의 발길을 붙잡아 지휘하고 있다. 그런데 서쪽 마당에 공중 높이 들린 저 커다란 금박(金箔)의 구(球)는 또 무엇을 말하려 그처럼 금빛으로 하늘을 밝히고 있는 것인지.

그 금金 구球의 앞에는 이곳 시민들의 정신적 지주가 되고 있는 대성당이 있다. 744년 창건된 이 성당은 1598년 대화재 이후 로마네스크 양식으로 재건되었다 한다. 모차르트가 세례를 받은 곳으로 그 성수함(聖水函, holy water)을 보존하고 있으며 그가 연주하던 6000여 개의 파이프로 된 유럽 최대의 오르간은 지금도 그 옛날의 명연주 소리를 울릴 듯하다. 오른쪽 계단으로 올라가면 대성당의 보물이 전시된 박물관이 있다고 한다. 좌측 골목길에는 2400여 명을 수용할 수 있는 축제극장이 있는데 이는 원래 '소금 광산'의 자리였다고 한다.

  대성당 옆 골목길을 따라 100여m 정도만 내려가면 시내 중심을 잇는 슈타츠(Stasts)다리를 건너기 전 잘츠흐 강 안(岸)과 나란한 안길로 뻗어 있는 게트라이데거리(Getreidegasse)가 있다. 세계에서도 가장 아름다운 쇼핑거리로 이름난 이 거리는 각자만의 독특한 수공 간판을 자랑한다. 원래 글자를 모르는 사람을 위하여 간판을 그림으로 그려 각 상점마다 다르게 하였다고 하니 참으로 갸륵한 정신이다. 보석가게, 옷가게 등은 세계적 유행을 선도하는 곳으로 가격 또한 높다고 하며 각종 일용품, 인형, 모자, 조각상 등 모두가 모차르트의 이름을 붙이지 않은 것이 없을 정도

이다. 따라서 모차르트는 상품마다 예쁜 인형이 되어 온종일 찾는 이의 미소가 되고 있다. 거리의 명물 중 손꼽히는 것은 모차르트 쿠겔른(Kugeln) 초콜릿 이라한다. 이는 1890년 파울 퓌르트(Paul Furst)가 만들었는데 1905년 파리 국제 박람회에서 대상을 탄 후 그 유명세를 떨쳤다고 하며 그 원조는 파란색과 하얀색으로 구성된 라벨 포장지로 되었다고 한다. 이 거리는 관광객들 사이 어깨를 부딪치지 않고 지나치기는 힘든 거리였다.

 게트라이데 거리는 세계를 놀라게 한 또 하나의 역사적

거리이다. 그것은 음악의 천재 모차르트를 탄생시킨 곳이기 때문이다. 천년 고풍이 스며 있는 이 거리에 유난히 노란색으로 눈에 띄는 6층 건물이 하나 있다. 여기가 바로 모차르트의 생가이다. 오늘도 세계의 수많은 관광객들은 이 건물 앞에 모여 서있다. 모차르트의 영혼이 깃든 흔적이라도

느껴보려 함인가. 우리도 6.5유로씩의 입장료를 내고 가파른 층계를 따라 3층으로 올라갔다. 그가 가족과 함께 살던 방, 레오필드의 편지, 자필 악보, 그 일가(一家)의 초상화 등 그의 어릴 적 삶의 흔적들을 엿볼 수 있었다. 그가 사용했다는 바이올린과 피아노 앞에서는 온 세상을 젖게 한 그 감미로운 음악 소리가 저 건반 위에서부터 울려 퍼져나갔으려니 하니 경건한 마음에 저절로 머리가 숙여졌다. 특히 그가 살던 방 창(窓)가에 서니 저 아래 내려다보이는 아름다운 시

가지이며, 옥빛 물결 흐르는 잘츠흐 강은 한 폭의 아름다운 풍경화가 되어 우리는 위대한 시인이 아니어도 무언가 영감의 소리가 들리는 것만 같았다.

　모차르트는 35년이라는 짧은 생애에도 불구하고 1000곡이 넘는 주옥같은 작품들을 남겼다. 하이든(F.J.Haydn)과 함께 서양 고전음악의 완성자라고 일컬어진다. 그는 세 살 때 흥미와 재능을 보여 네 살 때에는 아버지로부터 최초로 쳄발로연주의 기초를 받았고 다섯 살 때에는 이미 소곡小曲을 작곡한 이래 피아노곡, 성악곡, 기악곡, 관현악곡, 오페라 등 모든 분야에 걸쳐 불후의 명작을 남겼다. 프랑스 피아니스트 죈 놈(Jeunehomme) 양을 위해 완성한 〈피아노 협주곡 제9번 Eb 장조〉 K271은 「근대적 대 협주곡」의 시대를 열었고, 모든 시대를 통하여 교향악 예술의 정점을 이루었다는 〈교향곡 제38번〉 K504, 오페라 중의 오페라 불멸의 〈돈 조반니〉, 18세기 이탈리아 양식의 대표적 작품 〈피가로의 결혼〉, 최초 독일 근대 오페라이자 고전주의 오페라의 대표적 작품인 〈마적〉, 그리고 자기 자신의 죽음을 예감하고 썼다는 진혼곡의 미완성〈레퀴엠〉 등 세계사에 길이 빛날 수많은 불후의 명작을 남겼다 한다.

그는 무척이나 마음이 여린 어린아이와 같았다고 한다. 약간의 변덕스러움과 자기중심적인 면도 없지 않았지만 남에게 지기를 싫어하고 자존심이 강했다고 한다. 부인 콘스탄체 베버의 낭비벽과 일정한 경제적 수입원이 없는 관계로 가난한 생활로 어려움을 격기도 하였지만 그는 여느 음악가들처럼 궁정이나 귀족 밑에서 하인처럼 일하는 것을 싫어하여 대체적으로 독립된 음악가로 활동하였다고 한다. 그는 생애의 1/4을 연주 여행으로 보냈는데 이때 이탈리아에서는 오페라를, 독일에서는 교향곡을 심취하는 반면 음악계의 거장 바흐, 하이든 슈베르트 등과 괴테 등 궁중과 사회의 저명인사 들을 많이 만나게 되어 이들로부터도 많은 영향을 받게 되었다고 한다. 그의 기억력 또한 대단하여 열네 살 때 아버지와 이탈리아 여행 중에는 11분짜리 곡을 단 한 번 듣고도 그대로 채보하여 보는 이 들로 하여금 놀라게 하였다고도 한다. 그는 여러 음악가와는 달리 작품을 쓸 때에는 수정하는 일이 거의 없이 단번에 써 내려갔다고 한다. 그는 '나는 머릿속에서 완성된 스코어를 그저 오선지에 옮기고 있을 뿐이다'라고 말할 정도로 천재적 음악가였다. 그래서 사람들은 그를 '하늘에서 쫓겨난 음악천사'라고 부르고 있는지도 모르겠다. 나는 모차르트가 꿈에 살다 간 이 거리에 서 있다는 것만으로도 마음에 흥분을 느꼈다.

밤이 되어 우리는 소진이가 예약해 놓은 오페라 관람회장으로 갔다. 구 시가지 레지덴트의 남쪽에 위치한 옛 주교들의 한 궁전인 듯했다. 관람객들의 뒤를 따라 관람회장으로 들어갔다. 천정에 수놓은 예쁜 천사들의 그림과 화려한 샹들리에(chandelier)는 관람회장을 한층 아름다운 분위기로 조명하고 있었다. 관람석은 200여 석으로 한정되어 예약 없이는 더 이상 들어올 수가 없으며 예약은 밀려있다고 한다. 우리는 무대

전면으로부터 두 번째 줄에 위치하여 여덟 명이 함께 할 수 있는 자리였다. 먼저 스프와 음료수 등 전식前食이 제공되더니 아름다운 음악이 연주 되었다. 이제는 음악이 잠시 멈추고 오페라의 주인공이 등장했다. 남자 주인공은 자연을 노래하며 사랑을 구하고 있었다. 한 여자 주인공이 나타나 서로 친구가 되었다. 공연은 잠시 멈추고 본식本食이 나왔다. 다시 음악에 이어 오페라가 이어졌다. 남자 주인공은 그 여자 친구를 사랑하게 된다. 간절히 사랑을 고백했다. 그러나 여자 친

구는 당황하여 붉어진 얼굴 감추며 뿌리쳐 달아난다. 남자는 애간장 다 태우며 거리를 방황한다. 관람객들은 숨을 죽이며 감동의 숨결 몰아쉰다. 나와 아내 그리고 소진이와 가엘도 감동에 찬 얼굴 마주하며 가슴 조렸다.

 공연이 멈춰지고 후식이 나왔다. 막간을 이용하여 와인 한 잔씩으로 가슴을 달랬다. 다시 음악에 이어 오페라가 이어졌다. 여자 주인공이 살며시 나타난다. 남자의 눈에는 별이 빛난다. 둘은 뜨거운 포옹으로 하나가 된다. 둘은 하나의 목소리로 아름다운 사랑을 노래하며 오페라는 끝을 맺었다.

 관람객 모두는 기립하여 연주자들에게 오페라의 주인공들에게 큰 박수로 천정을 흔들어댔다. 아마도 모차르트의 오페라인 듯 관람객들은 감동에 상기되어 있었다.

 관람회장의 그 감미로웠던 음악 소리 그리고 애틋한 오페라의 그 사랑의 몸짓과 대사들은 그 많은 관객들의 가슴을 흔들어 놓고 지치지도 않은 것인지 나의 작은 숙소에까지 가만히 찾아와 온 밤을 가슴에 묻히려 했다.

 7월 12일 월요일 맑음
 아침 햇살 곱게 잘츠흐 강물 위에 내려앉는다. 옥빛 물결 흐르는 강줄기엔 상쾌한 바람 일어 가슴에 스미고, 맑은 햇살 쏟아지는 강을 따라 걷는 발길 마다엔 행복이 내려앉는다.

잘츠흐 강을 건너니 신시가지에 미라벨 궁과 함께 세계에서 가장 아름다운 정원으로 일컬어지는 미라벨 정원(Mirabell garten)이 있다. 미라벨 궁전은 1606년 볼프 디트리히 대주교가 사랑하는 여인 살로메를 위해 지었다고 하는데 모차르트가 궁전 내 대리석 홀에서 대주교를 위해 연주를 하였던 곳이다. 지금도 콘서트가 많이 열리는 곳으로 유명하며 옆에 있는 모차르트 대학과 함께 그의 아름다운 숨결들을 오늘에 되살리고 있다 세계에서 가장 낭만적이고 아름다운 결혼식이 열리는 식장으로 인기가 높다한다.

미라벨 정원은 1690년 바로크 건축의 대가인 요한 피셔 폰 에를라흐(Johann Fischer von Erlach)가 조성하였으나 1818년 화재로 파괴된 후 지금의 모습으로 복원하였다 하며 세계에서 가장 아름다운 정원으로 일컬어진다. 수많은 조각상이 살아 숨 쉬는 듯 아름다움을 뽐내며 화려한 꽃들은 봄부터 가을까지 황홀한 꽃향기 가득하다 한다. 중

앙 분수 주위에는 1690년 모스트(Most)가 그리스 신화 속 영웅을 조각한 작품이 늘어서 있고 그 옆에는 유럽의 많은 바로크 예술품들을 전시해 놓은 바로크 박물관이 있다. 정원 서쪽에는 1704~1718년에 만든 울타리로 주위를 두른 극장이 있고, 북쪽 문 앞에는 정교한 청동 조각으로 꾸민 패가수스 분수가 있다. 영화 '사운드 오브 뮤직(Sound of Music)'에서 여주인공 마리아가 아이들과 '도레미 송'을 불렀던 곳으로 더욱 널리 알려져 있는 곳이기도 하다.

잘츠부르크에는 어디를 가도 모차르트의 영혼이 깃들지 않는 곳이 없다. 이제 나는 아내와 함께 소진이, 가엘이 두 손 잡아 저 옥빛 잘츠흐 강변에서 하늘로부터 아름다운 영혼의 선율을 나르는 푸른 물결 한 가슴 영혼에 담는다.

나의 조각 거울

♠ 범사에 감사는 행복의 문이다. - 2014.7.23.
- ♣ 아무리 작은 감사의 문에도
　행복은 맨발로 마중을 나온대요. - 2015.3.13.
♠ 사랑은 행복의 샘이다. - 2014.7.27.
♠ 사랑이 짙어지면 행복이 온다. - 2023.10.11

♠ 근심은 뼈를 태우는 불씨다. - 2014.7.27

♠ 원망은 사람을 구렁으로 모는 살인자다. - 2014.7.27
♠ 분노는 영혼을 태우는 불쏘시개다. - 2014.7.27

♠ 욕심의 가지 끝엔 불행이 타오르고
　사랑의 가지 끝엔 행복이 나래를 편다. - 2014.6.24
♠ 욕심은 한 계단만 내려놓아도

행복은 한 아름 나비 되어 온다. - 2014.6.24.
♠ 욕심에 집착하면 그 즉시 눈이 먼다. 2023. 6.6
♠ 욕심이 타오르면 온몸은 타오르는 불기둥 되고
  욕심을 비우면 온몸은 날아갈 듯 가벼워진다.2023.8.3

♠ 한마디 용서의 손끝엔
천국문의 열쇠가 쥐어져 있다. - 2014.6.24
♠ 순백의 용서는 죽기보다 힘들다. - 2014.6.27.

♠ 관심은 사랑을 틔우는 눈(움, 싹)이다. - 2014.7.22.
- ♣ 무관심은 사랑이 불꺼진 창이다. - 2014.7.22
- ♣ 무관심은 이별의 문이다. - 2023.10.10.

♠ 이기적 천재와 지도자는 선량한 평민의 폭압과 착취의 무법자, 무뢰한
  선량한 평민은 평화와 행복의 꽃밭을 가꾸는 꿈나라 정원사. - 2023.12.9

03

생 마르탱 운하의 물보라

1

프랑스의 파리에는 시내를 가로지르며
도도히 흐르는 한 역사의 푸른 강물이 있다.

4.5km의 육지를 뚫고 센(Seine)강과 북부의 우르크(de l'Ourcq) 운하를 이어주는 9개의 수문水門을 거치며, 25m 수위水位의 고저차高低差를 오르며 뱃길을 여는 생 마르탱(Saint-Martin) 운하,

이는 1802년 나폴레옹(de Napoléon) 1세의 지시로 1825년에 완공되었으며, 당시 파리의 전염병 돌발로 인한 열악한 위생급수 해소를 위하여 만들어졌다 한다.

2

굳건히 쌓인 돌벽으로 예쁘게 잘 다듬어진 강줄기는 단

거리 교통수단으로, 물품의 수송로로 지금은 세계인이 주목하는 관광지로써, 흐르는 강물 위에 오늘도 줄을 이어 달리는 유람선은 미국, 유럽, 아프리카 그리고 중국, 일본, 한국 등 세계 속의 수많은 관광객을 싣고 출렁이는 한 역사의 터널로 인도한다.

3

  수문을 열 때마다 2m의 수위로 내리 부어지는 폭포수에 물안개 자욱이 힘차게 뿜어나는 하얀 물보라!
  다시 그 높이의 수위로 솟아오르며 뱃길을 이어가는 장관(壯觀)!

  이는 그 옛날 나폴레옹(Napoleon Bonaparte)이 알프스(Alps)를 넘으며 "나의 사전에는 불가능이란 없다"던 기백이 솟아오르는 것일까.
  아니면 강변을 따라 우뚝 선 바스티유 감옥을 그 옛날 에워싸며 외치던 시민의 함성이 프랑스 대혁명으로 민권의 승리를 기념하여 세워진 53m 높이의 꼭대기에 선 자유의 천사가 오늘의 세계 속에 외치는 또 다른 민권의 부르짖음이 아니랴!

4

 지금은 지하 구간 2㎞를 복개하여 대로를 만들고, 2개의 회전 다리도 만들어 교통과 일상의 생활이 활발하게 피어나는 거리로, 운하를 중심으로는 아름다운 가로수길 열며 강변에는 프랑스 사회상을 반영한 마르셀 까르네의 그 유명한 영화무대 "북 호텔"이 있고 레퀴블릭(République)역 강변은 오도리 토투가 "아말리에"라는 영화에 출연.

 몽마르트 카페에서 웨이트리스로 일하는 "유리 인간"이라는 별명의 시골 처녀로 이웃에게 좋은 일 하여 그녀 자신도 행복을 누리는 "물수제비를 뜨는 여자"로 유명한 "보통 사람의 미담"이 세계인의 생활 속에 사랑을 받고 있는 장소가 되기도 하다

5

 이제 세계인이 함께하는 프랑스 파리의 생 마르탱 운하는 찾는 이의 가슴마다 힘차게 하얀 물보라 날리는 끊임없이 세계로 출렁이는 사랑의 대운하가 되고 있다.

뼛속 깊은 충의忠義와 애국혼愛國魂이 빛나는 부안
― 백제인의 기상氣像과 살신성인殺身成仁의 정신이 깃든

    우리 고장 부안은 천혜의 산수山水와 오곡백과 풍성한 옥야천리沃野千里가 한데 어울려 어염시초魚鹽柴草가 풍부하고 선사시대로부터, 1416년 '부안 정명 600여 년'의 오늘에 이르기까지 충의와 애국 혼의 얼이 서린 찬란한 역사 문화의 꽃을 피운 선현들의 이상향이, 만대萬代의 미래를 빛는 뜨거운 숨결로 면면이 물결치는 살기 좋은 고장이다.

    그렇기에 일찍이 어사 박문수는 영조 대왕의 물음에 부안은 '전국에서 제일 살기 좋은 곳'으로 '생거부안生居扶安'이라 하였으며, 조선의 중기(1569~1618년)의 허균은 그의 『홍길동』전에서 부안의 '위도'를 이상향의 세상인 '율도국'으로 지목하지 않았던가!

이렇듯 천부적 이상향의 땅 부안을 나당羅唐연합군이 물밀듯 침공하여 왔을 때에는 목숨으로 나라를 지키는 데 앞장섰고, 패전 후에는 변산에 주류성周留城을 쌓아 백제 부흥운동을 전개하였으니, 지금도 그 찬란한 백제 정신은 가슴속 지지 않는 이상향의 횃불로 길게 줄을 이어가고 있으니,

일본이 검은 야욕에 차 15만 대군으로 1592년 임진왜란壬辰倭亂과 1597년 정유재란丁酉再亂의 7년 전쟁을 일으키며 침공 하여왔을 때에, 우리 부안은 처참한 국란國亂의 위기를 구하고자 수많은 의병과 군량미 등을 지원하는 보급창이 되었고, 호벌치 싸움에서는 채춘봉 등 수많은 의병이 크게 분전奮戰, 순국殉國하였는데, 왜적들은 그 수많은 죽음을 전공戰功으로 삼고자 귀와 코를 베어가(12만6천여명) '코 무덤'을 쌓은 만행蠻行을 저질렀다. 그러나 그 '코 무덤'을 1993년에는 일본으로부터 환국시켜 '상서면 감교리 호벌치'에 봉안하여 그들의 충혼을 기리고 있으니, 이곳을 찾는 숙연한 발걸음 소리, 스치는 바람 소리 구슬프기만 하다.

또한 한말韓末에는 소위 양반들의 지배폭력과 탐관오리들의 세금갈취 및 비행과 폭정이 극에 달하자, 이에 참다못한 녹두장군 전봉준은 농민군을 광범위하게 규합 1894년 1월 '반 부패 폐정개혁 창의倡義'의 기치 아래 분연히 일어서 동학농민혁명을 일으킴으로서, 역사적 반 봉건 근대 민주화운동, 반 외세 국권 수호 운동으로 승화시켰으며, 이때 부안의 '백산 대회'는 농민혁명의 시발점이 되었고, 김낙철, 김영조 등 수많은 부안의 농민들이 농민혁명에 가담, 전략적 요충지로 우뚝 서게 되었다. 이에 일제日帝는 1894년 12월부터 이듬해 1월까지 부안을 비롯하여 전라도의 수만 명의 농민군의 목숨을 빼앗아 가고야 말았으나, 이들 농민군의 후예들은 오히려 후일 항일 의병운동의 대대적인 불씨가 되었으니, 이는 우리의 위대한 애국혼愛國魂의 저력이 아니랴! 그래서 이를 일컬어 "앉으면 죽산, 서면 백산(부안)"이라 이르는 것은 아니랴!

일제日帝는 1875년 불법 강화도 침범 이래 호시탐탐 한국을 식민지화 하고자 혈안이 되어 오던 중, 1905년 11월 17일에는 마침내 을사늑약으로 우리의 국권을 강탈하여 온갖 야만적 행위를 강행하니, 이에 온 국민은 격분하였고, 부안의 김보배 등 호남의 많은 의병들은 격렬히 항쟁에 돌입하였던바, 이에 일제는 1909년 9월 1일부터 10월까지 소위 "남한 폭도 대 토벌작전"이라는 호남 의병 대 학살의 만행을 저질렀으며, 1910년 8월 29일에는 결국 이완용 등 을사오적과 야합, 불법 무력으로 "한일강제병탄"을 강행함으로써, 반만년 선비의 땅 우리 대한은 야만적 일제의 손에 완전히 강탈당하고, 식민지 노예국가로 내몰리고 말았다. 이에 울분을 참지 못한 부안의 최두영崔斗榮 선생은 매국노 이완용에게는 '치죄문治罪文'을 발송하고, 일왕 대정에게는 '국권 회복을 고하는 글'을, 데라우찌 총독, 전라북도지사 이두황 등에게는 '항일 규탄문서('대정의 머리를 베어 우리 황제의 앞에 바치겠다 등')를 발송함으로, 일경에 체포되어 3년 형을 받고 복역 중에도 망국의 비통悲痛을 참지 못하여 단식 또는 자살을 기도하기도 하였다.

  그러나 일제는 수많은 헌병 및 경찰을 전국 요소에 배치 1912년부터는 전국에 『토지조사사업』을 강행하여, 우리 농민의 점유 토지를 마구 빼앗아가니, 지주의 50% 이상이 일본인으로 바뀌었고, 『동양척식주식회사』를 만들어 한국인을 소작인으로 삼아 그 생산량을 무참히 약탈해가니,

우리의 농민들은 초근목피草根木皮로 연명해야만 했고, 대대로 정든 땅 고향마저 등진 채 천리타향 연해주, 만주 등지로 떠나 피눈물로 유리방황 해야만 하였는데, 그 때 김제와 더불어 조선의 최대 쌀 생산의 보고寶庫인 땅 부안에서는, 일제의 오모리大森 농장과 구마모토熊本 농장 등의 대농장이 진陣을 치고 더욱 악랄한 수탈을 자행하고 있었으며,

또한 우리의 민족지도자들과 온 국민은 더 이상 참을 수 없기에, 1919년 요원의 불길처럼 분연히 일어나 3.1 독립 만세 운동을 벌리자, 이에 광분한 일제는 총칼로 우리 국민과 지도자들을 처참하게 짓밟아 대한의 자주독립을 차단하는 한편, 1931년에는 중국과의 만주사변을, 1941년에는 미국과의 태평양 전쟁을 일으키면서 그에 따른 전쟁 물자를 총동원과 국민 총동원을 대대적으로 전개하였는데, 이 기간 동안 부안의 농민은 지주가 1%, 자기 땅 없는 소작농이 83%였으며, 높은 소작료에, 부안에서 생산된 식량은 거의 일본으로 수탈해 갔고, 1939년부터 태평양 전쟁에 강제 징용된 사람 중 신고된 사람만 1,335명이나 끌려가 스스로 죽을 수도 없는 서러운 암흑에서 연명해야만 했으니,

이 나라 잃은 서러운 백성의 내일은 또 어느 곳을 떠돌며 눈물로 가슴 휘어잡아 유리방황 해야만 했을까!

이처럼 천인공노할 일제의 우리 민족 말살 만행에 대항하고자, 부안에서는 수많은 의병 열사들이 분연히 일어났으니, 고재신高滓臣선생은 1883년 10월27일 하서면 청호리에서 태어나시어, 1910년 한일강제합병이 이루어지자 대한광복단에 가담, 활동하다가 1920년에는 임시정부 지원과 일제고관 암살단을 조직하시었고, 한우석, 남광인 등과 함께 전북 일대와 전남 보성 등지에서 독립군자금 모집활동을 적극 전개하는 등 항일 독립운동을 펼치시다가 1924년 일경에 체포되어 징역 8년 형의 옥고를 치르고, 1942년 소천하시었으며,

김낙선金樂先 선생은 1881년 9월1일 상서면 가오리에서 태어나시어, 1905년 을사늑약으로 풍전등화의 나라를 구하고자 1909년 이용서李用西 의병부대에 가담, 선봉장이 되어 동지 30여명과 함께 부안, 고부, 정읍, 태인 등지에서 무장투쟁을 벌리다가 김제 흥산에서 일경에 체포되어 징역

7년 형의 옥고를 치르고, 총상과 고문의 후유증으로 만신창이가 된 채 1925년 4월 25일 순국하시었고.

　김철수金錣洙 선생은 1893년 부안에서 태어나시어, 대한민국 사회주의 계열 독립운동사에서 이동휘, 여운형에 견줄 정도의 1세대 독립운동가로 중국 마오쩌둥과 친구가 되기도 한 사회주의자의 거목이다. 그는 1916년에는 반제국주의 민족해방운동 추진을 위해 결성한 신아동맹단에 가입 활동하였으며, 그는 우장춘에게 '너의 부친 우범선이 매국한 것에 대해 속죄하려면 조선의 독립과 조선을 위해 봉사 해야 되고 절대로 너의 조선인의 성을 갈아서는 안된다'는 민족주의 의식을 심어주기도 하였고, 이동휘 선생과 함께 고려공산당 상하이파를 결성 활동하였으며, 1929년 3월 조선공산당 재건준비위원회 위원장을 맡았으나 1930년 2월 일경에 체포되어 징역 8년 형의 옥고를 치렀다. 그는 광복 직후 좌익과 우익의 관계를 개선하는 역할을 주로 맡으면서 여운형과 함께 좌우합작운동에 참여하여 통일 정부 구상을 위해 노력하기도 하였는데, 다만 그는 사회주의 사상에 대해서 어디까지나 '독립운동의 일환'으로 받아들였을 뿐이라고 보는 이들도 있으며, 1986년에 소천 하시었다.

또한 채동환蔡東煥 선생은 1883년 주산면 신율에서 태어나시어, 1905년 을사늑약으로 나라의 참혹한 위기를 구하고자 1909년 최원경崔元京 의병부대에 가담, 10여 명의 동지들과 함께 덕림면 율포, 학동, 하서면, 소산면 등지에서 무기 및 군자금, 군수품 등의 모집활동을 적극적으로 전개하다가 일경에 체포되어 징역 15년 형의 옥고를 치르신 항일독립운동가 이시며,

이 외에도, 면암 최익현崔益鉉 선생의 의병부대에 가담, 태인에서 무장투쟁 등의 의병활동을 전개하고, 전 재산을 독립운동에 제공한 고치범高致範 선생, 1908년 김영백金永伯 의병부대에 가담, 동료 70여 명과 함께 부안군 일대에서 군자금을 모으는 데 뚜렷한 성과를 거둔 활동으로 인하여 징역 15년 중형의 옥고를 치른 김보배金寶倍 선생, 1911년 유장렬柳漳烈 의병부대에 가담, 고부에서 의병활동 전개 및 군자금 모금활동에 주력하다 일경에 체포되어 징역 10년형의 옥고를 치른 김홍일金洪一 선생, 1909년 이성화李成化 의

병부대에 가담 고부군 일대에서 항일무장투쟁을 전개하다가 일경에 체포되어 징역 7년 형의 옥고를 치르다가 1911년 순국하신 진상구陳相九 선생 등 현재까지 부안의 항일 독립운동가로 국가보훈처에 공훈이 밝혀진 분들은 모두 44분이 계시며, 이분들은 의병으로, 상해임시정부 군자금 모금으로, 청년운동으로, 국내 항일운동을 위해 가족도, 친척도, 재산도 명예도, 정든 고향도 다 버리고, 자기의 목숨마저 초개와같이 버려, 오로지 우리 조국의 광복을 위해 순국하신 분들이시다.

그러나 일제의 만행에 들붙어 저지른 저 추악한 죄과를 덮고자, 극악무도한 일제 만행의 식민 통치로부터 조국광복을 위해 살신성인殺身成仁하신 항일 독립운동가님 들을 일제에 밀고하고, 빨갱이 공산주의자로 내몰아 그 가족까지 멸문滅門의 죽음에 이르게 한, 저 비열하고 금수와 같은 친일 반민족, 토착 왜구의 무리 들과 그 부역자들이, 지금도 기득권을 이어가려 간사한 혀로 나라를 흔들며, 온갖 기만을 다 부리며, 이 땅에 살아 활개치고 있음은, 이 어찌 우리의 만대萬代에 통탄하지 않을 일이랴!

보라! 이제는 우리 함께 다시는 저 미풍에, 왜바람, 되바람, 간사한 무리들에 속지 말고, 우리 힘이 없어 죽지 말고, 우리 함께 두 주먹 불끈 쥐고, 힘 있는 선진 조국, 평화의 나라를 굳건히 세우러 가자! 가자! 가자! 그 피어린 항일 독립 순국선열들의 높은 뜻 길이 받들며!

선비정신의 산성山城 전주 한옥마을

　전주全州는 신라 경덕왕 때(757년)부터 지금까지 1253년의 역사를 간직한 천년고도의 유서 깊은 고장이다. 전주全州는 그 이름에서 보듯이 '완전'과 '온전함'의 표상表象으로, 반만년의 유구한 역사와 전통의 맥인 '홍익정신'과 '선비정신'을 지역 고유의 '전라정신'으로 승화시키며 나라의 안녕과 지역의 융성을 위해 앞장서온 고장이다.

　전라정신이란 나라가 위급할 때면 목숨으로 나라를 구하고, 나라가 부패하여 백성이 이 도탄에 해매일 때면 눈 부릅떠 분연히 이에 항거하며, 삶이 고통인 이웃을 보면 애써 눈감지 않고, 어려움도 기쁨도 함께하며, 이 지역 고유의 천년 문화전통을 아름다운 희망의 꽃으로 빚는데 한 몸 촛불이 되려는 선비정신이리라! 그래서 그저 단정히 눈 감아 글만 익히는 것이 아니라, 저항할 만한 때 저항하고,

변혁해야 할만한 때 변혁에 앞장서는 고난의 행군자 만이 진정한 우리의 선비로 높이 오를 수 있는 것이 아니랴!

 이에 '전라全羅의 선비'는 일찍이 1592년 임진왜란 7년 전쟁에서 조선 7도가 왜적의 수중에 들어가 국가의 존망이 어려울 때 호남의 젊은이들이 주동이 되어 관군과 의병의 공급원이 되었고, 전쟁의 군비와 군량 지원으로 나라의 위기를 구하는데 결정적 밑바침이 되었으며, 이정란이 앞장서 전주성을 지켜내는 등 행동하는 선비로 우뚝 섬으로써, 이순신 장군께서도 '호남이 없으면 나라는 없다'라고 극찬하셨다 한다.

 또한 1894년에는 관군의 극심한 부패로 인한 역사상 최대, 초유의 농민혁명이 이 고장에서 일어나 우리나라 근대 민주화의 문을 열게 되었으며, 일제日帝의 극악한 무도한 강압통치기간에는 수많은 의병과 애국열사 등의 항일 독립 투사들이 나라를 건지는데 목숨을 초개와 같이 내어던졌으니 그 숭고한 정신을 어찌 가볍다 하리요, 이런 이 '전라'와 '전주'의 고장을 어찌 고귀한 선비의 고장이라 아니 하리오! 이러한 전라정신의 기반이 된 곳은 바로 전주이며 이는 또한 '전주 한옥마을'의 많은 선비들의 고귀한 선비정신이 높은 산성山城이 되어 우리의 미래를 밝히고 있기 때문이다.

그 대표적 선비로는 호남 삼재三齋라 하는 최병심, 이병은, 송기면 선생과 여러 살신성인하신 선비들의 고귀한 희생정신을 들 수가 있겠는데, 1874년 한옥마을 옥류동에서 태어나신 금재 최병심 선생은 1905년 을사늑약이 체결되자 오목대 뒷산에 올라 온종일 통곡하였으며, 1910년 한일강압병탄으로 나라를 잃게 되었을 때는 7일간의 단식으로 일제에 항거하였고, 1912년에는 호남 창의대장 이석용 의병장이 조직한 독립밀맹단의 전주지방을 분담, 군자금을 계속 지원하였으며, 일제가 전라선 철도개설을 구실로 한벽당을 헐어버림으로 우리의 민족정기를 끊으려 할 때에 그는 이에 적극 항거해 지켜내는 등 조선을 지키려는 여러 항일활동을 계속하였고, 1901년에는 고향인 옥류동으로 돌아와 '옥류정사'를 지어 전우 스승의 유학과 항일 정신으로 '추운 겨울 푸른 소나무가 되라'며 많은 후학들을 길러

낸 한옥마을의 수호 선비가 되셨다.

그리고 1874년 완주군 구이면 두현리에서 태어나신 고제 이병은 선생은 1931년 일제가 전주향교를 개방하고 주변을 유흥가로 만들려 하자, 이목대 아래로 이사하고 남안재를 옮겨 학문연마와 후학양성으로 일제로부터 전주향교를 지켜내시었으며,

1882년 김제군 백산면에서 태어나신 유제 송기면 선생은 서화와 시는 물론 한의학을 겸비한 유학자로 이정직과 전우 선생을 스승으로 모시고 평생 벼슬은 하지 않고 후학양성에만 힘쓰셨다. 어려서부터 영특하고 지혜로웠으며, 입신양명을 탐하지 않고, 일제의 창씨개명을 거부하였으며, '도道를 위하여 자신을 바치는' 선비의 길을 택하며, 어둠을 뚫고 다가올 새날을 준비하셨다.

또한 이정직, 황현과 함께 '호남 삼절'이라 불린 이기 선생은 1848년 김제군 성덕면 대석마을에서 태어나시어 사서삼경을 독학으로 익히시었으며, 유형원과 정약용 등의

실학사상을 이어받아 신학문 수용을 주장한 실천적 애국자로, 1905년 일본 동경에 건너가 일황日皇과 이등伊藤 등의 일본 정부 요인에게 서면으로 한국에 대한 침략정책을 통절이 협박하였으며, 1905년 미국 포츠머스에서 열리는 러일전쟁 강화회의에 가 한국의 독립을 호소하려 하였으나 일본의 방해로 뜻을 이루지 못하였고, 을사늑약이 체결되자 1906년 장지연, 윤효정 등과 함께 대한자강회를 조직 국민 계몽운동에 힘을 쏟았으며, 1907년 2월에는 을사오적을 암살하려다 실패하고, 1909년에는 국운을 비관하여 오던 중 단식으로 순국하시었다.

　1841년 전주 다가동에서 태어나신 전우 선생은 송시열의 사상을 계승한 학자로 전통적 유학을 계승하고 중흥시키는 길만이 국권을 회복하는 길이라 생각하시고, 나라가 망하였을 때는 오로지 '의'를 지키고 '의'로써 항거하는 것만이 선비의 길이라 하시며, 1910년 '한일강제병탄'이 되자 일본이 지배하는 땅은 밟지 않겠다며 "도가 행해지지 않으면 뗏목을 타고 바다로 들어간다."는 공자의 말에 따라 위도 앞 왕등도 등지에서 은둔하다가 72세의 나이로 부안 계화도에 정착하신 후 오직 나라를 구한다는 일념으로, 전국 방방곡곡에서 몰려든 3천여 명의 제자들 양성하며, 어떠한 외압에도 굴하지 않고 국권 회복에 앞장서다가, 1922년 82세로 소천하신 조선의 진정한 성리학자, 조선 성리학의 마지막 불꽃 이셨다.

 이 외에도 현재 그 국가공훈이 알려진 분만 전주에서 49명 전북에서 994명의 많은 순국, 열사분들이 항일 독립을 위해 초개와 같이 목숨 바치시었으니, 오늘의 우리에게 세계 선진대열의 평화와 경제 대국의 반석에 오르게 하신 그 숭고한 뜻 높이 찬양하며, 우리 모두는 자손만대에 높이 받들어 기립시다! 우리 함께 항일 독립의 찬가를 높이 부릅시다!

왜구 침입 관문의 방패막이가 된 부안
— '부흥 백제의 정신'이 '큰 바위 얼굴'로 빛나다

부안은 산·들·바다가 한데 어울려 천혜의 살기 좋은 고장으로, 옥야천리沃野千里 황금뜰엔 풍요와 온정이 가득하며, 서해바다 칠산어장은 세계로 벋어 나는 진취기상의 보고寶庫이다. 그러나 이러한 천혜의 삶터는 오히려 야만적 외적의 침입과 탐관오리들의 수탈의 대상이 되어 참혹한 전란과 가혹한 생활의 고초를 빚기도 하였으니, 이에 부안의 선현들은 일찍이 부안의 혼이 된 그 찬란했던 문화국가 '부흥 백제'의 정신을 오늘에 되살려, 백성의 삶을 안전하게 지켜주는 힘있는 나라, 백성이 존중되는 세상을 이루고자, 국난극복의 저항정신을 일깨우며, 목숨바쳐 구국 항전에 앞장서 왔다.

－ 따라서 오늘은 그 참혹했던 국난에 오로지 구국일념으로 분연히 떨쳐 일어섰던, 이 고장 애국 열사들의 주요 사적지史跡地를 중심으로 그분들의 헌신과 충절을 더듬어 보고자 한다.

  ◆ 부안읍에는 '부흥 백제의 정신'이 '큰 바위 얼굴'로 빛나는 애국충절의 사적지와 항일독립운동가, 우국지사가 많다
  ■ 왜구침입 관문의 방패막이가 된 부안읍성扶安邑城을 찾아서
  － 부안읍에 가려면 일찍이 '부흥 백제군'의 마지막 항전 (서기 663년)지 '백강'(동진강)이 흐르고 있는 부안의 대 관문 동진대교를 거쳐, 애국충절의 깃발이 굿지 않는 부안읍성을 향하여 가게 된다.
  － 부안읍성은 서해로 침입하는 왜구들을 막아내는 나라의 관문으로, 일찍이 백제 근초고왕 때에는 서해로 침입하는 왜구倭寇들의 정벌로 '찬란한 백제국의 기틀'을 쌓았고, 15세기 초 조선조에서는 날로 심하여지는 왜구들의 방비를 제일 목적으로 고창의 모양성 보다 4.5배 이상 크고,

전라감영의 전주성보다 3배나 더 큰 부안읍성을 축조하여 외적의 침입을 막아내는 피안彼岸의 요충지로 삼아왔으며,

 - 부안 상서(감교리)에는 백제 부흥 운동의 마지막 항전지 '주류성'으로 비정比定되는 우금산성이 '큰 바위 얼굴'로 현존하고 있다.

■ 지조 높은 항일 민족시인 신석정의 생가 청구원靑丘園과 석정문학관을 찾아서

 - 부안읍 선은리에 가면 한국 현대 시문학의 거목, 신

석정 시인이 '부흥 백제의 산성'을 가슴에 안고, 앞마당 넘실대는 광활한 서해바다 은물결로 민족애의 타는 '촛불'을 켜, '일제 암흑의 절망'을 녹이는 산실이 된 그의 생가 '청구원'이 있다.

신석정 선생

— 석정(夕汀:1907.7.7. ~ 1974.7.6)은 일제 식민 통치기간 동안 끝끝내 창씨개명을 하지 않았으며, 일어로의 협박 원고청탁을 단연코 거절하였고, 그 '혹독한 겨울'을 조국애의 '촛불'로 조국광복의 새벽을 그렸으며, 독재와 군사 통치에도 꿋꿋이 맞서 민주 조국의 새날을 그려 온 지조 높은 민족 시인이다.

― 그러나 그는, 전 우석대 교수 정양 시인이 그의 평론집 『세월이 보이는 길』에서 "친일 문학인들은 해방 후 그간 자기들의 친일 행적이 허물로 세상에 드러날까 봐, 꿋꿋한 지조로 비교되는 석정을 혐오의 대상으로 세상 밖에 묻어두고자 '목가 시인'이라는 식민시대의 도피적 허울의 가시면류관을 들씌워 놓고, 그를 시대 외적 존재로 못 박은 한국 문학사의 고질痼疾은 아프게 뒤돌아보게 한다"고 지적하였듯이, 주위의 독소毒素적 고질로 인한 아픔도 의연히 삭이어 온 순수 자연의 시인이다.

'어머니, 아직 촛불을 켜지 말으셔요/ '어머니,…이 밤이 너무 길지 않습니까?'// '밀리고 흐르는 게 밤뿐이요/ 흘러도 흘러도 밤뿐이로다//…막막한 이 한밤이/ 천년을 간다 해도…/ 만년이 간다 해도 / …밤에서 살으련다/ 새벽이 올 때까지/…검은 밤을 지니고.//

― 석정의 여러 시詩 중에서

― 따라서 이곳 부안에서 석정夕汀은 자랑스러운 부안인으로, 명기名妓 이 매창, 명승名勝 채석강과 더불어 부안의

3절三絕로 회자 되기도 하며, 「석정문학관」을 세워, 그의 높은 문학정신을 계승하고자, 세계문화의 장으로 활짝 문을 열고 있다.

■ 항일 독립운동가 구파, 백정기 의사의 '애국의 기개氣槪'를 세운 고향을 찾아서

– 부안읍 신운리는 구파鷗波 백정기(白貞基:1896~1964) 의사義士가 12세 때까지 애국의 기개氣槪를 세운 고향이다.

– 그는 평화적 3.1독립만세운동의 전개와 이상농촌건설에 앞장섰으며, 1931년 한. 중. 일 항일구국연맹을 결성하고 흑색공포단을 만들어 만주, 중국 등지에서 일본 기관들의 파괴와 요인암살, 친일파 숙정 공작을 추진하였고,

– 이회영, 정화함 등과 남화한인청년동맹을 결성, 여순의 일본 수송선 1만5천 톤급의 폭파와 1933년 일본대사관원 습격 등 다양한 항일독립운동의 선봉에 서서 신명을 다하다가 일경日警에 붙잡혀 무기형을 받고 복역 중에 순국하심으로, 건국훈장 독립장이 추서되었다.

■ 새 나라 육영사업의 개척자가 된 우국지사, 이영일 선

생과 김태수 선생을 찾아서

- 부안읍에는 식민지 암흑기에 찌든 썩은 물 씻어내고, 이 고장의 백년대계를 튼튼히 이어갈 새 나라의 동량棟梁을 기른 우국지사가 많은데,

- 거액의 재산을 털어 영명학원(1941년), 부안중(1946년), 부안여중(1952년), 부안농림고등학교(1951년) 등을 설립하여, 부안 육영사업의 개척자가 된 춘헌春軒 이영일(李永日 : 부안읍 서외리, 1894 ~ 1953) 선생과 춘헌 선생과 함께 1945년 해방 후 부안 '낭주학회'를 조직하여 이사장으로 재임하면서, 부안여중, 부안여자고등학교(1952년) 등을 설립하여 부안 여성 교육의 선도자가 된 백주白洲 김태수(金泰秀 : 부안읍 선은리, 1904 ~ 1982)선생은 바로, 이 고장의 미래를 밝힌 여러 새 나라 육영사업가 중 그 대표적인 개척자로, 우리 고장의 자랑스런 우국지사요, 등불이다.

◆ 계화면에는 한말 거유巨儒, 전우田愚 선생의 국권회복을 위한 후학양성의 요람, 계양서원繼陽書院이 있다.

- 계화면 양지에 가면 한말 거유, 간재艮齋 전우(1841년~1922년)선생이 1912년부터 1922년 82세로 명命을 다할 때

까지, 1905년 일제의 을사늑약으로 강탈된 국권을 도道로서 회복하고자 후학양성에 몸 바친 계양서원繼陽書院이 있으며, 그의 유지遺旨를 기리는 계양사繼陽祠가 있다.

- 그는 중국 송나라 주희의 학문과 조선 성리학의 거봉, 이이李珥와 송시열의 전통 유학사상 계승에 주력한 후, 주리主理·주기主氣 양설을 절충한 새로운 경지를 창안 성존심비性尊心卑의 설을 주창한 거유巨儒로서 "~ 학문을 일으켜 도道로써 나라를 찾아야 한다"고 이르고,

- 1905년 을사늑약이 체결되자 고종에게 '청참오적請斬五賊'의 상소문을 올려, 을사늑약에 서명한 오적의 대신들을 처단하고, 일제와의 늑약을 폐기해야 한다고 상소하였으나, 끝내 자신의 상소가 받아들이지 않자,

- 그는 '어지러운 세상 중에도 "마침내 도道가 행해지지 않으면 뗏목을 타고 바다로 들어가겠다."고 한 공자의 뜻을 좇아, 일본이 지배하는 육지는 밟지 않겠다며 1908년 부안의 왕등도에 들어갔다가, 1913년에는 73세의 나이에도 불구하고 계화도로 옮겨 5,000여 명의 제자들을 올곧게 양성하며, 일제로부터 국권 회복에 신명을 다한 우리의 영원한 선비, 우국지사이다.

◆ 하서면에는 왜란과 호란의 국난의 위기에 나라를 지킨 고희장군과 고홍건장군의 충절을 기리는 효충서원效忠書院이 있다.

− 하서면 청호리 석불산에 가면 일제와 청나라가 극악무도하게 침입하여 온 임진왜란과 병자호란의 국난의 위기에 임금님을 안전하게 모셔 나라를 지킨 공이 커 공신이 된 고희高曦장군과 고홍건高弘建장군의 충절을 기리는 효충서원效忠書院이 있다.

− 영성군瀛城君 고희(高曦1560 ~ 1615)장군은 1592년 임진왜란 때 선조 임금을 임진강 나루터에서 업고 도강하는 등 의주까지 도보로 안전하게 호종하였으며, 영원군瀛原君 고홍건(高弘建1580 ~1655)장군은 1624년 이괄李适의 난과 1636년 병자호란 때 인조 임금을 안전하게 피난시킨 공이 컸다.

− 이에 나라에서는 영원군에게 신도비를 내리니, 할아버지 제원군濟原君, 아버지 영성군, 그리고 아들 영해군瀛海君과 더불어 4대의 봉군封君을 모신 이곳의 효충사孝忠祠에는 나라를 위한 높은 충절이 푸른 하늘을 괴고 있다.

◆ 상서면에는 항일의병 선봉장, 김낙선金樂先 의사의 기

적비紀跡碑가 있다

– 상서면 가오리에 가면 1905년 을사늑약으로 나라가 강탈됨에 분개하여, 하던 농사일과 가족의 생계도 내던진 채 1909년 이용서李用西 의병부대에 들어가, 30여명의 동지를 규합 부안, 고부, 정읍, 태인, 김제 지역을 중심으로 왜군과의 수많은 교전에서 혁혁한 전과를 올리던 중 총상을 입고 체포되어 7년 형의 징역을 살고, 그 총상과 고문의 후유증으로 44세에 끝내 순국하신 항일 의병 선봉장 김낙선(1881. 9. 1. ~ 1925.4.25.)의사의 애국충절을 기리는 추모공원 기적비紀跡碑가 있다.

– 또한 갑자기 남편을 잃고, 홀로 독립군의 아내라는 일제의 혹독한 감시와 주위의 피해의식의 시달림 속에서도, 마을의 궂은일 도맡고, 산자락 자투리땅 일구어 연명하며, 피눈물로 세월을 붉게 물들이는 가운데, 남편의 고귀한 뜻 되살려 아이들을 훌륭히 키워낸 부인 김성녀가 있으니, 이 또한 우리의 자랑스러운 항일 독립군이 아니랴.

– 이에 정부에서는 김낙선 의사의 공훈을 높이 기리어 건국포장을 추서追敍하였다.

◆ 상서면에는 왜구 침입의 관문에서 온 마을이 눈물의 초혼장(招魂葬)으로 나라를 지킨 타루비墮淚碑가 있다

- 상서면 감교리에 가면 1597년(선조30년) 정유재란 때 서해로 쳐들어온 수많은 왜구들이 이곳 청등마을로 물밀듯 밀려오자 이를 막아내고자, 도곡桃谷 이유李瑜 선생은 인근으로부터 모집한 의병들과 문하생 수십 명을 이끌고 선봉에 나서 전력을 다하여 토벌에 앞장섰으나, 아깝게도 적의 흉탄에 전사하였고, 이 광경을 본 부인婦人 또한 칼과 대창

을 들고 적진에 뛰어들었으나 역시 무참히 참살당하였으며,

 － 이들과 함께한 유가족과 문하생들의 시체는 찾지도 못한 채 초혼장招魂葬을 지내야만 했으니, 어찌 우리 그 참담했던 그 날, 그 울분을 잊으리오!

 － 그리하여 마을에서는 유족들과 함께 그 애절한 죽음의 넋을 추모하고자 이곳에 눈물로 타루비墮淚碑를 세우니, 거룩하기도 하여라! 그 피어린 애국충절!

 ◆ 부안에는 일제식민통치시대 그 혹독한 호남수탈산물의 일본운송 거점인 줄포와 백산이 있다

 ■ 당시 일제는 줄포를 일반 면 지역과는 달리, 경찰서, 도정공장, 통운창고, 농산물검사소와 어업조합, 식산은행, 줄포항 등의 기관과 시설을 수탈의 도구로 삼아, 호남지방의 수많은 수탈 산물을 일본으로 실어 나르는 거점으로 삼으니, 이곳 백성들은 오히려 핏발 서린 무력에 짓밟히며, 소작농으로 전락한 채, 굴종과 강요에 시달려야만 했다.

 － 이에 시달리다 못한 줄포공립보통학교 학생들은 분연히 일어나 1919년 4월 18일 면민과 함께 만세 시위를 벌리

고자 줄포시장에 모였으나, 때마침 나타난 줄포 순사에 의해 체포됨으로 시위는 미완으로 끝났지만, 당시 특별 경계지역의 삼엄한 경계 속에서도 3.1만세운동의 횃불을 든 우리 학생들의 대단한 용기는 우리 부안은 물론 조선독립의 미래를 밝혀줄 한줄기 새 희망의 불씨였다.

■또한 백산면 평교 뜰에 몰려든 오모리大森, 마에다前田, 모리다니森谷, 사카노坂野, 오무라大村 등 대농장 일본인 지주들은 조선인의 토지를 갖은 방법으로 수탈하여, 조선인을 관리인으로 고용, 소작농을 경영함으로써 부를 축적하고, 와까야마若山榮治郞는 젬빵과 도정공장(메가리간)을 운영, 주변 상권을 장악하는 등 갖은 수탈을 자행하여, 그 축적한 그 부富를 일본으로 빼돌리는 만행을 저지르기도 하였다.

◆ 백산면에는 항일 독립운동가, 대한민국 사회주의자의 거목 김철수 선생의 토담집, '이안실易安室'이 있었다.

– 백산면 원천리 봉서에 가면 대한민국 독립운동사에서 이동휘, 여운형에 견줄 정도의 1세대 독립운동가로 중국 마오쩌둥과 친구가 되기도 한 사회주의자의 거목, 지운遲耘

김철수 선생

김철수(金錣洙1893.5.25. ~ 1986)선생의 토담집 '이안실易安室'이 있었다.

- 그는 식민지 시대에 우리의 참혹한 고통의 해방을 위한 선결문제는 오로지 일본제국주의를 몰아내는 것이라며, '조선의 친일'을 강요하던 강연자 일본의 미야케(三宅雪嶺)를 즉각 단상에서 끌어내버린 결기決起로 조선인 유학생들에게 큰 충격을 주기도 하였으며, 우장춘에게는 '그의 부친 우범선의 매국관련 속죄를 위해 조선의 독립을 위한 봉사와 조선 고유의 성姓을 지켜야 한다'는 민족주의 의식을 심어주기도 하였다 한다.

- 또한 한·중·대만의 동지들을 규합 '신아동맹단'을 결

성 반일 반제국주의 연대 투쟁을 벌였고, '사회혁명당'을 결성하여, 이동휘와 '고려공산당'을 창립, 국내 사회주의 운동 등을 주도하다가 2차에 걸쳐 14년의 징역형을 치르던 중 8.15광복을 맞이하였으며,

– 광복 직후에는 여운형과 함께 좌우합작 통일정부 구성을 위해 노력하다가, 더 이상 통일의 전망(vision)이 없게 되자, 그 후 낙향하여 농사일에만 전념하다가 순국하심으로, 건국훈장 독립장이 추서追敍 되었다.

당시 우리의 독립운동가들이 활용한 사회주의는 시대적 상황의 암울한 계곡에서 오로지 조국 해방을 위한 하나의 도구였을 뿐이었음을 널리 포용하고, 이제는 우리 함께 '갈라진 하늘'에 통일 조국의 아름다운 봄꽃을 피워봄이 어떠하리오!

항일의 노래(부안군편)

눈물의 꽃

1.

변-산의	푸른바다	흰물새는	훨훨 나는데
꽃-같던	울어머니	행상길이	웬말 이래요
저무도한	칼바람에	고향떠나	긴밤 헤메던
울아버지	남기신 짐	고개고개	너무 높았네
저-밤길	저- 횃불은	우리 선열	눈물의 꽃-
빛-내자	우리대한	천대만대	길이 빛내자

2.

칠산바다	물고기는	하늘향해	펄펄 나는데
꽃-같던	울어머니	가시밭길이	웬말 이래요
저-빈들	늑대들의	양의 탈-	올무 질-에
초가삼간	주려 굶는	신음 소리	너무 높았네

저 밤길	저 횃불은	우리 선열	눈물의 꽃 –
빛–내자	우리대한	천대만대	길이 빛내자

3.

내고향은	푸른 봄날	종달새는	하늘을 날고
살–구꽃	웃음소리	하하훨훨	화창 하였네
저–들개들	싸움터에	쌓인눈물	디딤돌 삼아
이제는	나가세	나가세	빛의 나라로
저 밤길	저 횃불은	우리 선열	눈물의 꽃–
빛–내자	우리대한	천대만대	길이 빛내자

평설

| 평설 |

대척對蹠의 경계를 넘나드는 상조相照의 미학

소 재 호
시인, 문학평론가

김황곤 작가는 시인이기도 하다. 그는 평소 다수의 수필을 썼으며 외국 여행의 기행문도 상당수 집필했다. 일기나 기행문도 수필의 장르에 포함하나, 작품 내용의 사실성 집착으로, (팩트:fact 중심으로) 작품이 쓰이기 때문에 문학성 고유의 성격에 거리가 있기 마련이다. 일기나 기행문을 완전 수필체로 변환시키려면 아무래도 판타지(fantasy)풍의 환상이나 상상의 글감을 많이 채택해야 할 성싶다. 김 작가의 작품들은 시에 못지않게 산문도 우수하다는 생각을 금치 못한다. 수필의 문체, 구성, 주제, 또는 문학성도 뛰어나다. 그런데 몇 편의 수필을 감상하다가 느낀 생각은 그의 수필은 '동화적'이라는 점이다. 수필의 내용이 팩트냐 아니냐 또는 픽션(fiction)인가 넌픽션(nonfiction)인가를 따질 일은 아닌 것 같다, 문학의 모든 장르가 그런 문제로 시비 삼는 일은 없다.

"그토록 빨갛게 빛나던 동백꽃이 지기 시작했다.
　………
　………
　아늑한 보금자리를 찾아 나섰다."

- [꿈속 하늘을 나는 아기 동박새] 일부

위에 인용한 작품은 동화적이며 우유체의 스타일로 가만히 흥미를 이끄는 수준작이라고 보여진다. 동백꽃 지는 일과 동박새 죽음을 연계시키며 묘한 운명성運命性을 암시한다. 시나 수필이나 원관념과 보조관념의 완전 합일로 또는 보조관념에 원관념을 완전 의탁하여, 보조관념이 상징이나 은유로 표상되게 하는 작품일수록 수준이 높은데, 위의 작품은 저러한 테크닉(technique)이 절묘했다.
　논설적 수필, 기행적 수필, 동화적 수필 등 다양한 화법을 구사하는 작가의 능력은 빼어난 것이다.
　김황곤 작가의 여러 수필 들은 제재 들의 절묘한 상호 넘나듦으로 소위 상응相應(조응照應)의 미학이 번뜩인다. 교집합 적인 연상 수법으로 시적 질료들은 상징화의 고도한 단계에 오른다. 서정적 수필로서의 기법이 매우 탄탄하여 시적 결기를 북돋운다.

발문

저는 저 맑고 높아 푸르기만 하던 하늘가 한 줄기 저녁놀이 저의 무딘 가슴을 붉게저미어 물들일 줄은 예전엔 미쳐 알지 못하였습니다. 저 푸른 바다가 온 가슴으로 푸른 물결 퍼득이어 외치는 소리가 무엇인지 알지 못하였습니다. 그러나 저는 이제 가만가만 가슴을 열고 저 파도쳐오는 푸른 생명의 소리에 귀 기우리려 합니다. 그리하여 내 안에 잠든 영혼 한 숨결이라도 깨워 보려 합니다. 저는 지금 너른 바다 처음 나서는 작은 물고기처럼 두렵고 떨리지만요.

여러모로 부족한 저에게 수필과 함께하는 오늘이 있게 하신 우리 하나님의 크신 은총에 높은 영광과 찬양을 올립니다. 그리고 아리고도 진실의 새길을 여는 수필의 새 움을 돋우어 주시는 소재호 교수님 그리고 오늘의 신아문예작가상을 베풀어 주신 서정환 이사장님께 깊이 감사드립니다. 또한 뜨거운 관심과 격려로 늘 저를 아껴주시는 친우님들, 지인님들, 문우님들 여러분 모두에게도 깊이 감사드리며, 앞으로도 변함없는 사랑과 격려를 기대합니다.

그리고 저는 이 설익은 노래이나마 저를 위해 한 생애를 불사르신 어머님과 아버님 그리고 제 인생 청운의 길잡이가 되어주시고 힘이 되어주신 형님들과 형수님들 그리고 제 인생의 고난과 기쁨의 버팀목이 되어준 저의 사랑하는 아내에게 아린 마음 다하여 바치고자 합니다.

또한 나에게 언제나 샘솟는 용기와 기쁨이 되어준 나의 사랑하는 딸과 아들들 내외와, 그리고 귀엽고 사랑스런, 우리 집안 미래의 희망인 손자, 손녀들과 우리 집안 푸른 동산의 주인공으로 우뚝 버팀목 되고 있는 조카들 내외 모두는 나의 백 리길 빛나는 하늘의 별이요 희망으로, 나의 이 설익은 노래나마 함께 나누고자 합니다.

김황곤 수필집

영혼의 선율이 머무는 성

인쇄 2024년 3월 2일
발행 2024년 3월 4일

지은이 김황곤
발행인 서정환
펴낸곳 신아출판사
주　소 전북 전주시 완산구 공북 1길 16(태평동 251-30)
전　화 (063) 275-4000 · 0484
팩　스 (063) 274-3131
이메일 sina321@hanmail.net
출판등록 제465-1984-000004호
인쇄·제본 신아문예사

저작권자 ⓒ 2024, 김황곤
이 책의 저작권은 저자에게 있습니다. 서면에 의한 저자의 허락없이 내용의 일부를 인용하거나 발췌하는 것을 금합니다.
COPYRIGHT ⓒ 2024, by Kim Hwanggon
All right reserved including the rights of reproduction in whole or in part in any form.
저자와 협의, 인지는 생략합니다.
잘못된 책은 바꿔 드립니다.

ISBN 979-11-93654-44-6　03810
값 12,000원

Printed in KOREA